裁判員制度を批判する

小田中聰樹

花伝社

目次

プロローグ
――共同通信編集委員土屋美明氏のインタビューにこたえて――

『熊本日日新聞』二〇〇八年二月三日付

――国民の司法参加をどう思うか。

小田中　民主主義の国家・社会では国民参加は当然の観点だ。しかし司法は、人を裁くという基本的人権の基本にかかわることなので、単純な参加論は妥当しない。参加の制度化には深い配慮が必要であり、さまざまな形態が考え得る。日本には陪審制度こそないが、その代わりに、冤罪《えんざい》の人を救援したり、裁判批判をしたりする、運動形態のすばらしい国民参加の実践が現にある。この経験を基礎にした国民参加を考えることが重要だと思う。

――来年には裁判員制度が始まるが。

小田中　裁判員制度は非常に欠陥が多い。しかもそれは構造的な欠陥であって、実施すべきではない。この制度では、公判を迅速・平易に行うため、公判開始前に検察側、弁護側の主張、争点、証拠を整理する「公判前整理手続」を行わなければならないとされている。公判の先取りのようなものだ。また国民に裁判員就任を強制し、被告にもその裁判の受容を強要する。しかも秘密性が非常に強い。裁判員は秘密保持を刑罰で強いられ、一般人も裁判員との接触や意見交換を厳重に禁じられる。だから諸外国の陪審制度、参審制度や国民参加一般をどう考えるかではなく、眼前のこの制度はどうかと考え、現実的に議論しなければならない。

——裁判員制度は憲法違反という見解があるが。

小田中 憲法で最も大切なのは国民の権利であり、刑事裁判で最も大切なのは被告の「公正・公平な裁判を受ける権利」だ。この観点から見たとき、この制度は欠陥があまりにも重大で憲法に合わない。刑事訴訟にとって有害であり、良い効果は期待できない。

——何が有害なのか。

小田中 例えば公判前整理手続があるため被告側の防御活動、弁護活動が公判廷で抑制される基本構造になっていることだ。公判審理の方向はほとんど公判前に決まると言っても過言ではないほどだ。ところが、この公判前整理手続は裁判官、検察官、弁護人の間で行われる秘密、非公開の手続きで、裁判員はもちろん一般国民の目にも触れない。整理結果だけが公判廷に出され、その枠組みに従って公判審理が行われる。枠組みからはみ出す弁護活動や被告の主張は規制されてしまう。

——具体的に言うと。

小田中 例えば被告が公判前には罪を認め自白をしていたが、実は無実で、捜査官の強制による自白だったということを公判になって初めて主張することが、冤罪事件ではよくある。ところが裁判員が関与する裁判では「やむを得ない事由」がなければ、この主張は取り上げられない仕組みになっている。

——ほかに欠陥と考える点は何か。

小田中　重大なのは裁判員が就任を強制されることだ。憲法が裁判官は「良心に従い独立して」職権を行うと定めているように、人を裁く営みは、裁く者の良心を抜きにしては成り立たない。裁判員制度の一番の欠陥は良心による辞退をきちんと認めていないことだ。政令では「身体上、精神上または経済上の重大な不利益」がある場合に辞退を認めているが、裁判員候補者は「重大な不利益」の証明を強いられ、実際には辞退しにくい仕組みになっている。

良心に反すると考えながら、それでも嫌々ながら、他人の人権にかかわる判断を強いられるのは苦役であるだけでなく、司法制度としてあるまじき欠陥と言うほかない。そういう裁判員によって、いや応なしに裁かれ、死刑にさえなりかねない被告の立場を、公正な裁判を受けているとはとても言えない。

第一部　裁判員制度をどう見るか

I　裁判員制度は市民のものか

この講演は、二〇〇七年六月二九日、「裁判員制度はいらない！大運動」主催「裁判員制度はいらない！　二〇〇七・六・二九集会」において行われ、後に同運動によってパンフレット化された。

ご紹介をいただきました小田中です。こんばんは。私に与えられた時間は三〇分です。長いといえば長い時間ですが、ことがらが法律の問題ですので、時間がどうしても足りない感じがいたします。そこで、私の今日の話を補っていただく資料として、私のブックレット『裁判員制度でえん罪はなくなるのでしょうか』という本が受付に置いてありますが、それは、私が昨年（二〇〇六年）の暮れに仙台で、国民救援会という団体が主催した勉強会でしゃべった内容をパンフレットの形にしたものです。ぜひこれをお読みくださって、今日の私の説明の足りないところを補っていただきたいと思います〈本書三〇ページ以下に収録〉。

●国民意識の遅れ？

いままでの呼びかけ人のアピールと先ほどの劇（『美しい国の裁判員時代』）とによって、裁判員制度がいったいどういう仕組みのもので、どういう問題点があるのかということについての重要なポイントはかなり理解できるような気がします。

一般にはこの制度は、「国民の司法参加の制度であり、主権者たる国民が裁判に直接に、しかも裁判官とほとんど対等な権限を持って関わる、すばらしい制度である。外国には、陪審か参審か、どっちかの国民参加の制度があるけれども、日本にはなかった。その大きな欠落を埋める制度だ。これによって、日本の刑事裁判制度は世界にようやく追いつくことができた」。こういったたぐいの主張や見方が、これまで大量に流されてきました。しかし、本当にそうでしょうか。

この制度が、どういう事件に適用されるのかといえば、殺人事件などの、死刑とか無期にあたる事件、あるいは故意の犯罪行為によって人を死亡させた重大事件であり、これらの重大事件の裁判に国民の常識を反映するための制度だ、とされています。

そして先ほどの劇にありましたように、裁判官三人と、くじで選ばれた一般国民六人、合計九人が裁判します。もっとも、事件によっては、裁判官一人と、裁判員四人、合計五人の小さい法廷でも処理できます。そして、一般国民の裁判員は、裁判官とほとんど同じように、有罪か無罪かを事実認定する権限、法律を適用する権限、さらには死刑か無期か、懲役何年か、執行猶予とするかという量刑をする権限を持ちます。つまり裁判員は、裁判官とほとんど対等な権限を持つ制度として、設計されているわけです。

ですから、考えようによっては、これはすばらしい民主的な制度ができたと大歓迎のコールが起きてもいいはずなのですが、世論調査をすると八割にも上る拒否反応が日本の社会に圧倒的に渦巻いています。

これはなぜなのか。

啓蒙が足りないからだ。日本人の意識が低いからだ。この制度の仕組みがまだよく分かってないからだ。制度の仕組みが分かれば、この制度のよさが分かってもらえるはずだ。そう言わんばかりに、ものすごいお金をつかってピーアールや動員がずっと行われ、その中で、例のヤラセのタウンミーティングさえ行われる始末です。とにかくお金を使って、大々的にピーアールをすれば国民に分かってもらえると、政府、最高裁、法務省・検察庁は考えているようです。

しかし、実はそうではないのです。

この制度がよく分かれば分かるほど、反対のパーセンテージ、拒否反応は高まる一方なのです。とくに、模擬裁判をやればやるほど、模擬裁判の経験者から、この制度はおかしい、二度と裁判員の役はやりたくない、という声がでる。

●隣人をして隣人を裁かせる残酷さ

いったいなぜなのか。

これは、たんに意識の遅れとか、ピーアール不足とか、あんなものに関わるのは迷惑だという迷惑意識でこうなっているのではないのです。

私の知人の裁判官が、模擬裁判で裁判長の役をやったところ、裁判員役をやった一般の人は異口同音に、裁判が終わった後に、「絶対にやりたくない」「実に苦痛である」と裁判長に述べたそうです。

こういう反応に対して、知人の裁判官はいろいろ考えてみたそうですが、結局、隣人をして隣人を裁かせる残酷さに一番の問題があること、裁判員制度という制度は非常に残酷な仕組みだということが、分かってきたというのです。隣人をして隣人を裁かせる残酷さ。この制度の本質はここにあるのではないか、そう手紙に書いてきました。

私は、非常に残酷な仕組みである、というこの捉え方は、この裁判員制度の本質を衝いており、国民はこの本質を直観的に見抜いていると思う。

先ほど、高山俊吉先生や織田信夫先生から、この制度は国民を裁判員に徴用する、一種の徴兵制度みたいなものだ、ここに本質があるというお話がありましたが、そのお話と、隣人をして隣人を裁かせる残酷さという、裁判官の捉え方とは、国民を支配の道具化しようとしている点を鋭く批判しており、共通していると私は思います。

つまり、この裁判員制度というのは、まさに「豆を煮るにその萁《まめがら》を焚く」という、兄弟相食むの例えですが、そういう例えにあてはまるような、国民がお互いに裁く者と裁かれる者に分裂させられて、しかも無理矢理に裁く側に立つことを強要される。裁かれる側に立つ被告人は、国民として、市民として、共通の社会の構成員として、一般の人々に対し理解、同情、共感を求め、「分かって欲しい」というたぐいのアピールを発したい気持ちを抱くことが多いのですが、それを分断、分裂させていくような仕組みを作ること、これがこの制度の本質であり、役割であり、機能なのではないか。

●民主的イメージと常識の偽装

以上を前置きとしまして、さて、この制度はいよいよ二年後に実施されることになっています。予想される件数は年間三六〇〇件ぐらいと言われています。これを地裁の数の五〇で割りますと、地方ですと一つの県でだいたい五〇件ぐらい。東京はもうちょっと多いかもしれませんが、まあ五〇件ぐらい。それをまた一二で割ると、一ケ月に四件程度ですね。

ではどれぐらいの人数が裁判員として動員されていくかといいますと、単純に計算すると三六〇〇件×六人ですが、予備の補充員なども動員しますから、だいたい四万人ぐらいの人たちが動員されていくことになります。

この制度の特徴は、さきほどの劇でも明らかですが、裁判官と一緒に対等になって検討し議論をするという、民主的で共同参加的なイメージを与えることです。そして、事実認定だけではなくて量刑もする権限を持つという意味で、参加型としては、陪審よりも民主的で優れているのではないかとさえ思わせます。

しかし、実際には、先ほどの劇にもありましたように、裁判官が仕切り役としてどんどん権限をふるって、一定の方向に引っ張ろうと思えば引っ張っていける制度です。裁判官や裁判員によって個性が違いますし、事件によってもいろんな特殊性もあるので、一概にすべての事件がそうだとは言えません。しかし、基本的にはこの制度は、裁判官がリーダーシップを発揮して、裁判員として参加する市民の役割を形式的なものにすることができる。

とくに先ほどの劇で印象的なシーンがありましたが、死刑にすべきか無期にすべきか、懲役何年にすべきか、執行猶予を付けるべきか。この量刑問題については、生まれて初めて裁判に関与する一般の人にとっては、法律自体が非常に幅をもって量刑範囲を決めているのですから、どう判断していいか分からない。先ほど裁判官が「相場だ」とか言っていましたが、量刑に関するこれまでの統計的なものや経験が活用され、これが裁判官から示されれば、それに多少のプラスマイナスは施されるかもしれませんが、相場という形でほとんど適用していく。目の前の事件、目の前の被告の境遇、具体的な事情よりも、量刑相場的なものが、「常識」と称して裁判員に縛りをかけていく、そういう仕掛けになっているのであります。

●みせかけの司法参加と人権の無視

つまりこの制度は、民主的な制度に見えたり、日本的な共同参加型の制度に見えたり、見方によってはアメリカの陪審制度のいいところと、参審制度というヨーロッパで普及している制度のいいところとを継ぎ合わせた制度のように見えたりするのですが、実はそうではない。

さきほど織田先生も指摘されましたが、いわばみせかけの司法参加の形で、裁判員が制度に組み込まれていく。そういうものとして構造的に組み立てられています。

もともとこの制度を作る目的や理念、仕組み、それらすべてがそういう方向に向けて作られていますから、ちょっとやそっとの部分的な手直しでは、みせかけ的な偽装性を取り除くことはできるものではない、と私は思います。

では具体的にはどういう点が重大な問題点か。かつて私は、この制度ができる前から、この制度に批判を持ち、いろいろと論文を書き、『朝日新聞』にも投稿したことがあります。もっとも、その投稿は、見事に没になりました。当時からマスコミはどういうわけか、裁判員制度について大変積極的で、私のような批判的な見解や、高山さんをはじめとして弁護士会の中に非常に強かった反対論を、ほとんど無視してきた。

ですからこの制度は、反対論や批判論を無視する非民主的なやり方で作った「民主的」制度ではないのかと皮肉を言いたいぐらいなのですが、それはともかくとして、重大な問題点をまとめていえば、ひとつは裁判員になることを国民に強制する点です。これは思想・信条の自由の拘束という問題も含んでいます。

そもそも裁判員になる義務というものを憲法が認めているのか疑問です。何の根拠規定もないのです。憲法上根拠のないものが義務として国民に強制されていいのか、という疑問です。

●なぜ強制するのか？

しかも、強制することによって何を狙っているのかという点も問題です。

この点について、この制度を作った人たち自らが何度も公式に言っていますから、それをその通り受け取る必要があるのですが、「これは国民に統治主体意識を持たせるためである」というのです。統治主体意識というのは、言葉としては分かるような分からないようなものですが、平たく言えば権力意識なのですね。つまり、私は統治する人、私は裁判する人、そういう権力的な意識を国民に持たせ、国民を権力層に巻き込んでいくのが狙いだというわけです。

しかし、国民の立場からみれば、統治主体意識の前に、私たちは人権を持っている存在です。人権を持たない統治主体意識などというのは、みせかけの統治主体意識であり、実は権力層の道具にすぎません。人権を持ってこそ、私たちは主権を持つ市民たり得るのです。市民として持つている思想・信条の自由、職業選択の自由、苦役からの自由など、人間としての自由をこともなげに無視して、強制的な仕組みの中に押し込むのは、国民を権力層の道具におとしめるもので、とんでもないことです。

そういう批判に対し、思想・信条の自由に配慮した形をとらなければならない立場にある裁判所は、例えば死刑制度に反対の人が「私は、死刑の判断を下さざるを得ない裁判には参加したくない」という場合には、思想・信条の自由に基づく辞退を認めるべきだ、という批判に配慮してか、次のような形で排除するということを考えているようです。

死刑廃止論者など、死刑を絶対に言い渡したくないという考えを持つ人については、予め裁判所は質問し調査した上で、「不公平な裁判をするおそれがある」という理由で裁判員から外す、というのです。みなさん、どう思いますか？　死刑廃止論や死刑を言い渡したくないという考えを持っている人を、「不公平な裁判をするおそれがある」不適格者だと決めつけ排除するというのですね。これは辞退する権利を認めることとは似て非なる権力的なやり方であり、とんでもない手続きですね。

ここでもう一つ指摘したいのは、警察に対し批判的な人も裁判員から排除しようとしていることです。刑事事件の場合には、有罪証拠を全部警察が固めてくるわけですが、中には強制・拷問をやったりしてとんでもない事件を作り上げ、それが裁判に上ってくることがあります。ところが、警察というのはそういうことをやりかねない組織だと思っている人、そういう考えを持っている人は、やはり「不公平な裁判をするおそれがある」という理由ではねる仕組みを用意しようというのです。これもとんでもないことだと私は思います。

●処罰意識・権力意識の注入

このようにして、この制度は、国民を、裁判して処罰する側、権力の側に無理矢理立たせ、それに反抗する者は不適格者としてはじいていくという仕組みなのです。

こういった意味で、裁判員制度は国民を権力の側に否応なしに立たせる制度なのですが、そういう制度の担い手の養成に向けた法教育が、学校の現場でもう始まっています。とくに中学校・高等学校で、模擬裁判的な手法で、どんどんそういう考え方、例えば死刑の規定がある以上死刑を言い渡すのは当然だとか、いろいろな事情があるにせよ法律に違反すれば処罰されるのは当然だという考え方を生徒に持たせ、処罰する側に立たせる法教育が教育現場に徐々に導入されています。

これは、憂うべきことですね。法教育の一番の基本は、処罰法規の機械的な暗記や適用を勉強する前に、人権というものが人間社会にとってどんなに大切かということを若い人に徹底的に分かってもらうこと、これこそが重要であり、法教育の基本なのですね。この点を抜きにした法教育というものは、処罰万能主義的な人間を生み出し、恐るべき効果をもたらすのではないか。

いずれにしても、こういうふうにして裁判員制度というものは、国民を処罰する側、わかりやすく言えば警察とか検察とか裁判所、ひっくるめていえば権力の側に立たせる、そういう権力意識を持たせるということに一番の狙いがあります。

そしてその考え方と表裏一体をなすのは、被告人の人権の軽視です。被告人の主張に耳を傾けず、簡易、迅速に事実認定と量刑を行う。法の適用についても、さまざまな工夫を凝らして非常に細かい解釈論を編み出して、なるべく不当に処罰することを避けようとしてきた法律論を軽視して、「分かりやすい裁判」「迅速な裁判」「常識に基づく裁判」という名の下に、被告人の人権とか防御する権利を無視してしまう。無視してでも、迅速に、分かりやすく、裁判員に余り負担をかけないで裁判する仕組み。つまり被告人無視の仕組みなのですね。

●秘密の壁――開かれた裁判？

それだけではありません。もう一つ問題がある。それは、裁判員制度が一般の国民に対して、秘密の壁でがっちりと裁判のプロセスを覆い隠してしまう仕組みになっていることです。裁判員として選ばれる過程や、評議・評決の過程について、裁判員がその中身をうっかり外に漏らすと処罰されます。また、一般の国民が裁判員に接触することが禁止され、場合によっては「威迫」の罪に問われる危険があります。これは秘密の壁ですよね。

ですから、法廷に出てきて裁判官のそばに座っている六人の裁判員に対しては開かれているのですけれど、一般の国民に対しては開かれているとは決して言えない。

もっとも、法廷そのものは公開の場ですから、その限りでは、いままでと同じ程度に開かれていると言っていいかもしれません。しかし、さきほどの劇にもあったように、公判の前に、非公開の公判前整理手続というものが必ず開かれることになっています。裁判官、検察官、弁護人が出席します。被告人が出るかどうかは本人の意思と裁判官の裁量次第です。裁判員は出席しません。ここで法曹三者が、争点は何かを確定し、主張や証拠を整理し、審理の進め方につき、どの証拠を法廷に出して調べるか、どういうスケジュールで裁判を進めるかなどを細かく決めて下ごしらえをします。そして、この下ごしらえをした後は、公開法廷でそれを変更することを滅多なことでは許さない。そういう仕組みになっていますので、法廷だけを見ていても、肝心のことが分からず、潜ってしまう。

それだけではありません。公判前整理手続において弁護側の要求に応ずる形で検察側はある程度証拠を開示して出してくるのですが、その証拠をその弁護人以外の人に弁護準備目的以外の目的で見せてはいけないという、目的外利用の禁止の縛りがあります。

ですから例えば、ジャーナリストには見せられない、研究者に見せることもできない。いつどこで、検察官が「目的外利用したじゃないか」「裁判以外にも使ったじゃないか」とクレームをつけ、刑罰権を発動してくるかわからない。そういう点でも、秘密性が非常に強くなっていると言わざるを得ません。

そういう意味で、裁判員制度は、「国民に開かれた裁判」というイメージとはまったく逆の、秘密の壁で覆われた裁判を作り出す危険を持っており、これはおそらく現実になるでしょう。もちろん裁判員裁判がスタートすると、法廷にはジャーナリズムや報道関係者が押しかけてくるでしょうが、肝心要のところでは秘密主義がむしろ強くなっていくと私は思います。

以上のように、裁判員として動員される人、裁判を受ける被告人、それから一般国民、この三者のいずれにとっても、この制度は決して民主的でもなければ、人権保障的でもなければ、開かれたものでもないのです。それにもかかわらず、「これは国民参加の民主主義的制度だ」とか、「人権拡張のすばらしい制度である」とか、大いにピーアールされます。しかし、おおいにピーアールされればされるほど、実体は逆であることが明るみになっていくはずのものだと思います。

●「迅速で分かりやすい裁判」の落とし穴

私は、この制度の本当の狙いや実体は、いままで述べてきたことにつきているように思います。その結果として、刑事裁判というものが、被告人の人権を守りながら適正な事実認定、適正な法適用、そして適正・妥当な量刑をしていくという基本的な仕組みのところで変化し、迅速に、効率的に、分かりやすい形で行われればそれでよしとする安易な考え方で推し進められるものになってしまうでしょう。「迅速で分かりやすい」裁判という名の下に、検察や警察の主張通りに迅速に処罰する裁判が推進されていくでしょう。

しかし、警察が強い権限をもって証拠を集めてつくりあげた有罪の主張を、被告人や弁護人が粘り強く証拠に基づいて打ち破って「私はやってない」「無罪だ」という主張を展開することは、例えばアリバイ証人を捜し出すということひとつをとってみても非常に時間がかかるし、決して分かりやすいプロセスをとるとはいえません。そういうことを全部切り捨てて、迅速な裁判、分かりやすい裁判、常識的な裁判の名の下に裁判を推し進めることは、要するに迅速に処罰するということにしかなりません。

「迅速で分かりやすい裁判」とはともすれば無実の者をも有罪にしてしまう危険が大なのです。

●改憲と合わせ鏡

私は、裁判員制度導入によって、刑事司法の人権抑圧的な性格が強くなっていくと思います。このことは、改憲の動きと密接に結びついていると思う。

安倍内閣と自民党は、首相をはじめとして、憲法を守らなければならない義務と責任があり職責を負う者が、憲法を無視し、改憲を主張しています。その主張は部分改正どころか、抜本的に新しい憲法をつくると言っている。これは、憲法の認める憲法改正の枠を無視し、憲法を廃棄するクーデター同然の主張です。しかも、自民党の改憲草案の中には、第一には九条を廃棄して軍隊保有と集団的自衛権を盛り込む。第二には公益や秩序の名によって人権制限を強化する。第三に、総理大臣への権限集中を行う。第四には、生存権・福祉切り捨てを構造化する。

こういう恐るべき憲法をつくろうとしています。

この動きと、司法改革、その一環としての裁判員制度とは見事にぴったり、合わせ鏡のようにぴったりと合うのですね。

つまり、司法改革、とくに裁判員制度が目指しているものは、国民を人権の主体たる座から下ろして、それを制限して、権力側に引き寄せ抱き込み、秩序違反の取締り体制を強化する。そういう仕組みです。これは、改憲の先取り、その司法版、その一環だと思います。

さて、私は、この制度の実体はけっして民主的なものではないと指摘してきました。形だけは国民を裁判に参加させますが、しかし、あいかわらず裁判官が実権を握り、裁判員をコントロールしようとする。

仮にコントロールに失敗し、第一審で裁判員が頑張って無罪が言い渡された場合でも、控訴審では裁判官だけが裁判する仕組みになっていますので、結局は最後のところで裁判官が締めくくるわけです。よく見れば見るほど、国民参加とは名ばかりの制度なのです。

そしてその効果としては、さきほどの裁判官の感想を借りていえば、隣人をして隣人を裁かせる残酷な制度なのですね。

もちろん、すべての裁判員関与の裁判がそういう裁判になると見ることはできないでしょう。裁判員になった一般の国民の人々は、無実のものは無罪にしようと、あるいは適切な量刑を加えようと懸命に努力するでしょう。一般の国民の人々は、おそらくまじめに、一所懸命努力しようとするに違いない。しかし、制度の仕組み自体が、さきほどから言っていますように、そういう努力を押しつぶすようなものなので、大局的、長期的に見ていけば、先ほど見たような狙いや本質が現実化していくことになるのが当然の帰結ではないかと思います。

●廃止こそ私たちの課題

そうだとすると、さてどうするか、ということが問題になります。

私たちの課題を何点か述べてみたい。

第一に、裁判員制度は人権を扱う司法制度して基本的な欠陥を持っています。理念、目的、制度、手続き、全部欠陥だらけです。だとすれば、これは廃止されるべきものだと言わざるを得ません。これからもこの否定的評価をきちんと持ち続け広げていくことが重要です。

第二に、そもそも刑事司法というものは、被告人の人権を守る制度でなければなりません。これは、被告人のためにというだけではありません。被告人の人権を守り刑罰権が適正、妥当に国民の信頼や納得を得て行使されていくことは、社会そのものにとっての利益であり、プラスなのです。例えば、黙秘権とか無罪の推定とかが分かりやすい例ですが、ともすれば、これは被告人の個人利益を守るための武器であり、極端に言えば犯罪を犯した者のための武器であるとさえ考えられがちですが、実はそうではない。社会的意味を持つ社会の武器なのです。

そもそも刑事司法というものは、被疑者や被告人の人権をきちんと守り、その言い分をよく聞いて、防御権を保障し、防御を尽くさせる。その上で、犯罪を犯したというのであれば正確にその事実を認定し、法を適正に適用し、量刑についても責任の重さと社会に復帰する権利との二つのバランスをとりながら適切に量刑する。こういう仕組みでなければなりません。

このことは、私たちの社会、つまり罪を犯していない者も生活している私たちの社会全体にとって、思想活動や社会活動や生活を自由に営んでいく上で必須不可欠なものです。ですから、憲法三一条以下の刑事上の基本的人権をきちんと守りながら裁判することは、被告人にとっての個人的な利益・権利であるのみでなく、社会全体にとっても非常に重要なことだという点を確認する必要があり、私たちはこの観点から、この裁判員制度を批判し続けていかなければならないと思います。

第三に、安易な裁判員制度修正論や、運用で欠陥を補えるとするたぐいの、また弁護技術をみがいていけばなんとかうまくやっていけるというたぐいの考えを克服することが必要です。この制度の欠陥は、安易な修正論や運用論や単純な弁護技術論で乗り越えられるようなものではないからです。もちろん、個々のケースでは弁護技術というものの意義は重要ですから、弁護士にはおおいに研鑽を積んで、さきほど述べた欠陥が被告人の不利益にならないようにしていただきたいと思いますが、しかし、問題をそれだけに矮小化してはならないと思います。

最後になりますが、そのためには、問題は私たち一般国民に戻ってくるように思います。私たち国民は、この制度が基本的な欠陥を持った制度であるということを見据えながら、私たちの権利を守っていくためにはどうすればいいかを力を合わせて考え実行に移していく必要があるのではないか。今日の集会はその貴重な第一歩だと思います。

II　裁判員制度で冤罪はなくなるか

この講演は、二〇〇六年一〇月八日国民救援会宮城県本部第三九回大会において、「裁判員制度でえん罪はなくなるのでしょうか——裁判員制度と救援運動の課題」という演題で行われ、後に同本部によってパンフレット化された。本書収録にあたり加筆、修正。

一　「迅速・軽負担・平易化」の裁判員制度

救援会の皆さん、市民の皆さん、おはようございます。

きょうは五〇分というふうに時間が限られておりますので、その時間内で終わるように、話をちょっとはしょるところもでると思うんですが、ご勘弁をいただきたいと思います。

資料としてお手元に、「裁判員制度と民主主義刑事法学の課題」（『龍谷法学』三八巻四号）（拙著『刑事訴訟法の変動と憲法的思考』日本評論社、二〇〇六年、所収）という抜刷のコピー、これは一年ほど前に龍谷大学で講演したものに加筆したものでありますが、お配りしてあります。

これは学生を相手にしてしゃべったものですから、やや理屈っぽい部分が多いので、皆さんにとって必ずしもいい参考文献になるかわかりませんけれども、しかし私の言いたいことのエッセンスはそこに入っておりますので、きょうの話と併せて目を通していただければ幸いです。

裁判員制度は、施行までにあと二年半と時間が迫ってまいりました（二〇〇六年一〇月現在）。しかし、どの世論調査をとってみても、七割前後の人がこの制度について疑問なり反対の気持を持っていることが窺えます。少なくとも参加したくない、参加することにはためらいがあるという消極的な気持を持っており、積極論は二割にもなっていません。例えば本年（二〇〇六年）九月一八日『毎日新聞』掲載の全国世論調査によれば、「積極的に参加する」が一七％にすぎず、「義務だから参加する」が三四％、「できれば参加したくない」が四六％なのです。

しかし、その一方において最高裁判所（最高裁）、法務省、それから日本弁護士連合会（日弁連）もそうですが、非常に熱心にピーアールに取り組んでおりますし、また、学界にもこれに賛同して推進する役割を果たす人がいます。もっとも学界は全体として見れば、ややクールではないかと私は見ておりますけれども、それはともかく、最高裁、法務省、日弁連、のみならずマスコミなどもかなり積極的ですね。時々、大新聞にも関係記事が載るのですが、どちらかといえば、検察関係の人とかあるいはマスコミの論説委員クラスの人の、民主主義的制度なのだから国民は積極的に参加すべきだというようなトーンの主張ばかりが載る傾向があります。

それだけでなく、最高裁、法務省、それから日弁連は、この裁判員制度の実施に向けて着々と準備を進めています。その準備の様子については、後でもまたやや詳しくご紹介したいと思いますけれども、例えば最高裁は、実施に備えて、法廷で証人が証言したらば瞬時にそれを文字化する機械を開発してそれを使う準備を進めているようです。

また最高裁は、被告人が何人もいるというような大事件の場合に、どうしても裁判が長引く傾向が出ることを心配して、最高検と協議の上、大型事件についてはグループに分けて別々の法廷で審理し、それぞれが有罪か無罪かの事実問題だけを判断し、量刑については最後に事実確定するグループが全部を一括して決めることとし、各グループの裁判官は共通とする、という審理方式を考案中だと伝えられています（『朝日新聞』二〇〇六年九月一三日）〈追記　二〇〇七年五月裁判員法改正で立法化〉。一種の分割法廷、分割判決のようなものですが、裁判官がどの法廷でも同じで、裁判員だけが違うという異様な構成であり、しかもどの法廷も同一の有罪認定に到達することを予定する、みせかけの分割方式であり、裁判員は飾り物的な存在だというこの制度の性格がよく出ています。

また検察庁にとっては、自白の任意性が争われるという厄介なケースが当然出るわけですが、特に死刑事件のような事件では、一般の事件にも増してそういうことが非常に深刻な問題になるのですね。この任意性の問題については、原則として裁判員はノータッチで、裁判官が非公開の手続きで判断する仕組みとなっているのですが、この点の争いが拡大することを未然に防いで対処するために、検察の取調の録音・録画を一部導入することを、東京地検が本年（二〇〇六年）

七月から二〇〇七年末迄、試験的に実施しています〈追記　二〇〇七年四月からは全地検で試行〉。

このようにして、裁判員制度は実施に向けて着々と準備が進んでいるのですが、それに加えて公判前整理手続の実施が昨年（二〇〇五年）の一一月から始まっています。この制度は、公判が始まる前の段階で、裁判官、検察官、弁護人、この法曹三者に被告人も加わって、非公開の手続で争点を決め、どういう証拠を取調請求するかを各当事者に決めさせて申請させ、そして必要ならばそれを相手方に開示させるという、そういう争点決定、証拠提出、そして証拠開示を行う制度です。

この公判前整理手続は、裁判員の事件では必ず行わなければならないことになっていますが、一般の事件でも裁判所が必要と認めるときには行われることになっておりまして、既に実施に移されています。ですから、この公判前整理手続それ自体は、裁判員制度に先立って既に実施に入っており、さまざまな問題点をさらけ出してきております。例えば山形のある傷害致死のケースでは、被告人が逮捕当時否認をしていたが容疑を認めるに至り自白し、これに沿って公判整理手続が進められたのですが、公判段階になってから被告人は否認に転じ、自白の任意性を争いました。ところが裁判所は、もう既に公判前整理手続で、争わないことを前提にして証拠を請求させており、「やむを得ない事由」のない限り証拠調請求の追加は認められないとして（刑訴法三一六条の三二）、自白の任意性を争うことを認めなかったというのです。

このように、公判前整理手続については、身柄が拘束され、弁護人が十分に自由に接見できず、証拠開示も不十分な状態で、争点と証拠の絞り込みが早々と行われる結果、本当の争点や必要な証拠が切り捨てられてしまうという危険があります。この危険な制度が裁判員制度とセットされたときには、裁判員制度それ自体の持つ大きな問題点（これは後で述べます）とあいまって深刻な問題を生んでいくことが予想されるのであります。

後でもくわしく述べますように、もともと裁判員関与裁判の手続というものは、迅速に、負担をかけずに、そして分かりやすい裁判を行うことを至上命令のごとく扱う発想で作られており、裁判所も検察庁も弁護士も、そういう至上命令の実現の方向に向けて手続的整備や態勢づくりを図っています。

そういう発想で作られた裁判員制度と公判前整理手続とが一体となって、「迅速・軽負担・平易化」をスローガンとして裁判を進めようとするとき、その裁判の実態というものは、まさに冤罪をつくり出すメカニズムとして働く危険が大きいのであります。弁護活動なり防御活動が、「迅速・軽負担・平易化」を追求する審理手続の構造の中で切り捨てられていく危険が大きいからです。しかも弁護活動を管理・統制していこうとする動きが、公判前整理手続や裁判員制度の外側のところでも着々と進められていることも重大です。それは、司法支援センター（法テラス）とか、弁護人処置請求制度（刑訴規則三〇三条）などです。

以上のような全体的な状況の中で、きょう私がお話したいと思うのは三点であります。

第一点は、公判前整理手続がくっついている裁判員制度、これによって日本の刑事裁判がどう変わるだろうかということであります。

第二点は、この変化が、とりわけ被告人、弁護人、そして救援活動をしている皆さんの活動にどういう影響を与えるかということです。

第三点は、この制度の導入によって生ずる困難な状況を克服する道をどこに求めるべきかということであります。

二　裁判員制度により刑事司法はどうなるか

1　捜査段階

そこで、第一点ですが、まず捜査段階を見ますと、今度の刑事司法改革の中で目につく変化は、被疑者段階で国選弁護人が付くようになったことであります。被疑者国選弁護制度の導入です。

この制度は弁護士層の長年の要求であり、学者もこれを支持してまいりました。救援運動をやっておられる方にとっても、これが大変に重要な変化であることは確かです。しかし、注目すべきことは、被疑者国選弁護制度が導入されたのに伴って、先ほども申しましたように、さまざまな形で弁護規制が、まるでそれに悪乗りするような形でくっついているということであります。

私はそれを「弁護管理システム」の強化だと言いたいのでありますが、とにかくそういう制度が既に出現しています。

　もともと被疑者国選弁護制度には、逮捕段階には適用されないことや重大事件に限定されていることなどの点で不十分さが付着していますが、この制度の新設に悪乗りの形で新設されたいわゆる法テラス、つまり日本司法支援センターの仕組みは、実は国営弁護システムであり、問題の多い制度です。

　この日本司法支援センターは今年（二〇〇六年）一〇月一日から発足しました。丁度その日、私は東京に用事があって出かけた際、通りすがりに四谷にある東京のセンターをのぞいてみたのですが、もう既に十数人のお客さんが来て待っているような状況でした。現に活動が始まっているわけですが、被疑者国選弁護制度運用の主な担い手となって活動するのは、この日本司法支援センターに所属ないしはこれと契約する弁護士であります。なお、このセンターは、被疑者弁護のみならず、これ迄もあった被告人の国選弁護をも担うことが予定されているようです。

　問題は、その弁護士の方々がこの支援センターから管理・統制を受けないで、これまでと同じように、独立に自由に弁護できるかということです。ところが、この支援センターには、弁護活動に対する規制の仕組みが、二重、三重、四重に用意されているのであります。まずセンターそのものが法務省の管理下に置かれています。またセンターと契約する弁護士は、国選弁護を行うにつきセンターから指名され、法務大臣認可の契約約款に拘束され、それに違反すれば処罰される立場に立ちます。それだけではなくて、国選弁護人は、刑事訴訟法のレベルでも、今回の改正によって、職務不相当と判断されると解任される立場に置かれることになりました（刑訴法三八条の三、一項四号）。

このようにして、一方では被疑者国選弁護という悲願が実現されると同時に、他方において弁護活動に対する規制が抱き合わせで入ってきているということは、重大な問題だと私は思います。

それだけではありません。冤罪防止という点から見ても、人権保障という点から見ても、捜査段階における最も重要なポイントである代用監獄制度とか、秘密・糾問の取調とか、接見制限とか、あるいは身柄の長期間拘束とか、そういったような根本問題については、今回の改革では一切手が付けられませんでした。

そういうことも含めて考えてみますと、捜査段階における被疑者国選弁護制度の導入という点は、一見プラスにみえる制度ではあるけれども、しかしその効果を殺ぐ仕掛けがいろいろと用意されていることがよく分かります。

2　公判準備段階

次に、公判準備段階をみますと、先ほど申しました公判前整理手続という新しい手続が、どの事件の場合でも裁判所が必要と判断すれば開かれますし、また裁判員関与事件では必ず開かれます。

この公判前整理手続というものは、公判が始まる前に法曹三者だけで、場合によっては被告人も加わって行う、公判準備の仕組みです。これは一般公開の公判手続とは違い、非公開の秘密手続であります。

この公判前整理手続は、「充実した公判の審理を、継続的、計画的かつ迅速に行う」ため、事件の争点及び証拠を整理することを目的とし、先ほども申しましたが、お互いに主張を出して争点を整理・決定し、公判廷で取り調べる証拠を提出・決定することを行う、公判の前倒し的な準備手続です。

しかも、一たん決めた争点や証拠の決定は、拘束力を持ち、公判段階では容易に変えたり追加したりすることができないのですね。やむを得ない事由によって公判前整理手続において請求することができなかったときに限って、新しく証拠調請求できるという縛りがあるのでありますﾞ(刑訴法三一六条の三二)。ですから先ほど山形の例として紹介しましたように、自白から否認に転じたときに、自白の任意性に関する新証拠を出すことが難しくなるわけです。

そうしますと、公判前整理手続というものは重大な意味を持ってくるわけでありますが、先ほど言いましたように、非公開で法曹三者と被告人だけで行われる秘密手続です。しかも、この手続は、被告人・弁護側が十分に防御の準備が仕上がっていない状態、被告人の身柄が押さえられ、接見も自由とはいえない状態で行われますので、どうしても被告人・弁護側にとって不利益で理不尽なことが生じがちです。先ほど述べた山形の例がそのことを示しています。

こういう理不尽なことを生み出す根本原因、根本問題は何かというと、弁護側がまだ準備が十分できていない段階、まだ十分に主張と証拠とを整理できない段階で、公判に出すべき主張、出すべき証拠を提示することを強制され、先ほど申したような一種の拘束力を持つ決定がなされ、これに従った審理が進められることです。そのため被告人・弁護側が非常に不利な立場に立つのですね。

この問題をもっと原理的なレベルで考えてみれば、まだ公判が開かれていない事前整理の段階で、なぜ争点や主張を被告人・弁護側が出さなければならないのか、なぜそれについての証拠を出さなければならないのか、それは黙秘権に反するのではないか、無罪の推定に反するのではないか、という重大問題があると思います。

この問題についてもう少しくわしく述べますと、皆さんもよくご存知のように、被告人は黙秘権という憲法上の権利を持っています。この権利は、いつ、いかなることについても、理由を告げることなく沈黙できる権利であり、黙秘したこと自体を処罰されたり、事実認定に不利益に利用されてはならないのです。また無罪の推定とは、被告人は有罪であることが合理的疑いが残らない程度に迄十分に証明され、有罪と宣告され、これが確定して初めて、罪を犯した者として扱われるのであって、それ迄は罪を犯した者として不利益な扱いを受けてはならないという原則です。これも憲法上の権利です。

ところが公判前整理手続は、未だ公判が始まらず、証拠調も全く行われていない段階で、被告人・弁護側に対して、犯罪事実を争うのか争わないのか、争うのならどの点をどんな証拠で争うのかを明らかにさせ、公判が始まってから新しい争点や証拠を出すことを禁ずることによって、争点・証拠の公判前提示を強制しようとするのです。これは、争点主張提示義務、証拠提出義務という名の、防御手段の事前の開示強制、供述強制にほかならず、無罪推定に反し、争点・証拠の提示を怠ったり誤ったりしたことを有罪方向で利用することを認めるに等しいものなのです。

この指摘に対しては、「いや、弁護側が十分準備して公判前整理手続に臨めば弊害は生じない筈じゃないか」という考え方もあります。しかし、事前の弁護準備が弁護側として十分にできるのか、そういう条件が果たしてあるのかといいますと、そこに大きな壁として立ちふさがってくるのが、被告人が勾留されているため十分に打ち合わせて防御の準備をすることができないという問題と、証拠を全部検察側が握っているという問題（証拠不開示）とであります。ところが、この二つの問題がほとんど解決されないままに公判前整理手続だけが作られたのです。

もっとも、証拠不開示の点だけは、今回の改革で少し前進したという見方があります。たしかにこれ迄とは違って、刑事訴訟法は、公判前整理手続に関する条文の中で、検察側の証拠開示手続について、検察官請求証拠開示、それ以外の類型的証拠開示、争点関連証拠開示、証拠開示命令、証拠標目提示命令などの新手続を設けました。このように手続は整備されましたけれども、しかし依然としてその基本的仕組みはこれ迄と同じです。

つまり検察官、そして裁判官が、防御準備のための開示の必要性の程度と、開示による弊害の内容・程度とを考慮し、「相当」と認めるときにのみ部分的に開示するという仕組みです。被告人の防御にとって不可欠な「全面開示」からは程遠いのです。その証拠が重要か、必要か、弊害のおそれがあるかの判断権限を今迄は検察官がほとんど全部握っていたのを、争いが起これば裁判官が判断するという仕組みを明文で定めて明確化した点が違うだけだといっていい。もっともこの点も、今迄も裁判所は訴訟指揮権で事実上判断してきていますから、本当は余り変わりない。

とくに実際上問題となるのは、弊害のおそれの有無であり、証拠隠滅とかプライバシーの侵害とか、そういうことが表向きの不開示理由とされるのですが、見せると不都合が生じるので見せたくないということを断固として検察側が主張し始めたときには、それを否定することは裁判官もなかなか大変です。ですから、結局は原則として証拠不開示、証拠隠匿の仕組みは、これからも変わりがないと私は思います。

ところがその一方で、証拠開示の手続の形が少しばかり整ったことを盾にとって、開示証拠の目的外使用について、これを非常に厳しく禁止し、その違反を刑罰で取り締まろうとさえしています（刑訴法二八一条の四、二八一条の五）。弁護側は、開示された証拠を目的外に使ってはならないというのですが、そこでいう目的というのは「審理又はその準備の目的」という、限定的で狭いものであります。そして、もしもそれ以外の目的で、例えばマスコミや学者や救援関係者に流した場合には、検察はそれに対して刑罰をもって臨むというのですね。これは驚くべきことであります。

これがどういうことを現実的に意味するかといいますと、検察側が弁護側に開示した証拠がどういうふうに利用されているかを、警察・検察は常に見張る、ということです。ということは弁護人の活動を見張るということです。そして、もしもこれが目的外使用だと考えるときには、弁護人を検挙し、それからマスコミ・学者・救援関係者も検挙する。そういう仕組みを用意しているのであります。

これは弁護人にとっては勿論のこと、報道関係者や救援関係者、裁判批判をしようとする学者にとっても大変なことです。私は先ほど司法支援センターが弁護規制の仕組みを用意している、裁判所も弁護規制の権限を強めているといったのですが、それどころじゃない。これからは検察官も直接に弁護規制を加え、救援運動や裁判批判、そしてマスコミや学者に対し規制や取り締りを加える権限を手に入れた。ですから、裁判報道活動も裁判批判活動も救援活動も、開示された証拠を自由に利用することはできないという状態に置かれることになるのであります。その意味では、今迄なかった新しい困難を、弁護士あるいは救援関係者、マスコミ関係者、そして私たち学者も抱え込んだことになります。

三　裁判員制度の実像

1　連日開廷

公判段階に入りますと、裁判員制度の問題とはちょっと違いますけれども、即決裁判という手続が新しくできました。これもまた大変な問題のある手続なのですが、きょうの直接のテーマではありませんので省きます。さて、いよいよ公判段階に入って、裁判員というものが登場してきます。その裁判員の問題に入る前に二つのことを指摘しておきたいと思います。

その第一は、公判は連日開廷が原則だということであります。裁判員の負担を軽くするためには三回からせいぜい五回ぐらいが限度じゃないかという考え方で、その枠内で処理しようとし、しかもそれをできるだけ連日やろうというのであります（裁判員法五一条、刑訴法二八一条の六）。

しかし、この連日開廷というやり方は、裁判員にとっても、弁護人にとっても、かえって大きな負担をかけるのであります。とくに弁護人にとっては、弁護活動に大きな影響を与えるやり方であることは火を見るより明らかです。三日間、五日間、恐らく弁護人は他の業務や事件処理をストップして寝ずの準備をして公判廷に出なければ、とても追いついていけないことになるでしょう。

第二に、裁判員関与の公判の場合に、これをスムーズに進行させるため、裁判長に対しても重い責任や負担が負わせられ、その結果として、強圧的、機械的な訴訟指揮が行われることになるだろうということであります。先ほどもちょっと紹介しましたが、弁護人の訴訟活動に対処する手段として、国選弁護人解任権とか弁護人処置請求権とかが裁判所に新しく与えられました。これらに加えて、先ほど申しましたように公判前整理手続の段階で、争点提示とか証拠提出を強制し、被告人・弁護側をがんじがらめにするというお膳立ての仕組みができているわけですから、そのお膳立てに反したような主張とか証拠を被告人・弁護側が公判段階で提出して争おうとしても、裁判所がそれに対して非常に厳しい態度や訴訟指揮で臨むことになる危険があるわけです。

しかし、前にも例として述べたように、公判段階で初めて否認に転ずるというケースが、冤罪事件では決して少なくないんですね。ですからそういう意味では、冤罪の被告人・弁護人・救援関係者は、大変難しい問題を、裁判員関与の公判において抱え込むことになると思います。

2　対象事件

さらに裁判員関与の公判手続についてみていきますと、対象事件は死刑・無期となる事件が中心なのですが、それだけでなく、故意の犯罪行為で被害者を死亡させた事件、例えば傷害致死事件なども対象事件です。

裁判員制度という制度は、もともと国民の司法参加ということと、それからもう一つ国民の常識を反映させるということとが大義名分なんですね。しかし、国民の司法への直接参加が民主主義の絶対的要請といえるかは疑問です。このことは立法（国会）でも行政でも国民参加が直接参加の形をとっていないことをみればすぐ分かります。司法は民主的なものであるべきことは勿論ですが、しかし法に従って独立して人権を守るという司法固有の任務を果たせるように、慎重に制度設計されなければなりません。直接参加が果たしていいのか、もしそうだとしてもどういう直接参加のしかたがいいのか、知恵と経験を集めて考えなければなりません。また常識の反映のしかたについても同じような問題があります。

こういう大問題の外に、なぜ死刑・無期などの重大な事件に限って裁判員を関与させるのかも問題です。常識を反映させるというなら、死刑・無期事件など重大事件でなければならない理由は何もない筈です。むしろ、もっとありふれた、日常茶飯事的に起こるような事件、窃盗とか詐欺とか、ちょっとした傷害事件とか、そういうようなむしろ軽い事件のほうが本当は国民の常識を生かせるはずではないか。

逆に物すごく込み入った殺人事件などには、むしろ常識ではなかなか理解できないようなケースの方が多いのではないか。なぜ夫が妻を殺したのか、なぜ母親が子どもを殺したのか、なぜ子どもが親を殺したのか。一般の常識ではなかなか理解できないような殺人事件が今多いのですが、そういうケースのときには、国民の常識というよりはむしろいろいろな専門家の知識や意見が必要です。その専門家というのは必ずしも刑事関係とは限りません。社会学者とか心理学者とかカウンセリングの専門家とか、そういったような人たちの知識や意見を借りなければ、一般の人の常識ではとても理解しにくいことが多いからです。

ところが、裁判員制度が常識を反映するためと称して対象事件とした事件は、死刑・無期の事件、それからまた人が結果として死んだなどのかなり込み入った事件なのです。これは、国民の関心が高いからだというのですが、それよりもむしろ本当は、国民の処罰意識を高める政治的な狙いと、こういう基準で事件を重大事件に限定すると混乱なく処理できる数に絞れるだろうという便宜的考慮とに基づいているようです。

数としては年間で大体三七〇〇件ぐらいになるだろうといわれていますが、機械的に割りますと、一県七〇～八〇件ぐらいですね。それを月に割ると大体一ヶ月六～七件ぐらいになるでしょうか。そんなイメージで捉えられる件数ということになります。

このような対象事件、例えば殺人事件の場合には、被告人が本当に犯人であるかどうかという犯人性の問題が一番大きな問題になることが多いのですが、それと同時に、故意によるのか、あるいは過失によるのか。もし故意だとしても、殺そうと思って殺したのか、そこまでの意思はないけれども相手が死ぬかもしれないが死んでもかまわないという、いわゆる未必の故意と言われている不確定的な意思をもって殺したのか。それとも単に傷つけようと思っただけで、殺そうとか殺してしまってもかまわないとまでは考えず、結果として殺してしまったのか。正当防衛として殺したのか。果たして責任能力があるのか。そういう難しい事実問題が争われることも多く、裁判員はそういう難しい事実問題に直面することになります。また動機も複雑で難しいことが多く、それが量刑にも関係してくることになる筈であります。

ですから、裁判員が関与する事件は、なかなか難しい事件だと考えられます。

3　裁判員就任の強制

そのような難しい事件について裁判員が選ばれて関与するのでありますが、裁判員はご承知のように有権者の中からくじで決められます。くじで選ばれますと関与は義務的なものとなり、七〇歳以上とか介護・養育の必要がある場合など、一定の理由のある場合を除いて辞退できず、呼び出されて裁判所に出頭しないと、一〇万円以下の過料を科せられます。ですから国民にとって裁判員になることは強制的な義務なのであります。

しかし、一体なぜ国は国民に対して裁判員になることを義務づけることができるのでしょうか。アメリカの場合には、被告人は、憲法上、陪審裁判を受ける権利があり、国民には陪審員就任の義務があり、一定の場合にのみ義務が免除されるのですが、日本の場合には憲法に陪審に関する規定がなく、従って陪審員就任を義務づける手掛かりが憲法上ありません。このことは、本当はもっと重大視されてよいはずです。ところが、民主的な制度への関与の強制は憲法違反でなく、関与は主権者たる国民が国に対して負うべき責任、負担、義務の一つなのだという類いの、根拠の薄弱な、いや国家主義的とさえいえる誤った危険な理屈で片づけられています。しかし、裁判員になりたくないと考える者に対して何故就任を強制できるのか、果たして憲法上認められるのかは重大な問題であり、徴兵制と共通する「国家への奉仕強制」の可否の問題なのです。

裁判員に選ばれた者の立場で考えてみますと、死刑事件のような重大な事件について死刑を言い渡すべきかどうかという判断をする立場に立つ心の準備もなく、訓練も受けていなければ経験もない。もともとそういうような、人を裁く権力的な立場に立ちたくないという人だってかなりいる筈ですし、それが多くの国民の偽らざる気持だといってもいいと思います。実は私も司法修習をしたのですが、人を裁く権力的立場に立ちたいとは思いませんでした。

その理由は人によっていろいろでしょうが、その一つに死刑制度に反対だからという人もいるだろうと思います。反対とまでいかなくとも、自分が死刑にすべきかどうかの判断に関わって被告人を死刑台に送ることに責任を持てないと考える人はかなり多いでしょう。

誰だってそうだという人がいるかもしれませんが、進んで裁判官になった人は、もちろんそういう責任を負うことを覚悟してなったわけですし、そしてまたそれに耐える心の準備や訓練を受け、あるいは報酬や身分保障も含むさまざまなガードで守られてもいます。しかし、丸裸の市民がそういう事件について死刑を言い渡すことに果たして耐え得るだろうか、何故耐えなければならないのか。これは人間として当然の疑問だと私は思う。

この疑問を、「民主主義の国では主権者たる国民は司法に参加し、死刑を言い渡す義務がある」という理屈で抑え付けることが果たしてできるのか。私は疑問だと思う。そもそも憲法上に根拠のない義務を押し付け、刑罰で強制することはできない筈ですし、良心の自由を侵し、苦役強制禁止に反する点で違憲の疑いがあるとさえ考えられるからです。

このように裁判員を辞退したいといっても自由に辞退できないことは今説明したとおりですが、立案当時には、思想・信条上の理由で辞退したいと申し出る者については政令で認めることとする、という情報が流れました。しかし、本当にそういう政令ができるかどうか、未だにわかりません〈追記　二〇〇八年一月一七日公布の政令については本書一五三頁を参照のこと〉。最近辞めましたけれども、杉浦という法務大臣が在任中ついに死刑の執行をしなかったですね。これは宗教的な信念に基づくものだと言われています。それは信念に基づく立派な判断だと思いますが、もし彼が裁判員になって死刑判決をせざるを得ないという立場に立ったときにはどうするのでしょうかね。

実はこういう問題がこれから私たちにとって深刻な現実問題として迫ってくることになるのですが、ではこれに対して、政令でもって辞退する道を開くことがもし実現されれば、それで果たして問題が解決するかというと、そうではないと思う。恐らくそういう理由で辞退する道を開くと、辞退者が増え、裁判員の引き受け手が少なくなり、裁判員選定が困難になりますので、本当に思想・信条に基づく辞退として認めてよいかどうか、単に気が進まないというサボリの口実ではないかという厳しいせんさくが行われ、辞退希望者は思想調査の危険にさらされることになるでしょう。逆に、もし「良心上の理由で裁判員になるのを辞退したい」という申出でを広く緩やかに認めると、次から次へと辞退者が出るだけでなく、偏った構成になる危険が生じます。例えば「どんどん死刑にしろ」という考えの人たちばかりが裁判員になるということになるかもしれません。これも困った問題ですね。辞退を広く認めても大変、認めなくても大変なのです。

以上に述べたように、裁判員になることは国民の義務とされているのですが、ところが実はこの義務は、裁判所の判断ひとつで簡単に解除される仕組みになっています（裁判員法四一条以下）。「不宣誓しない、出頭しない、意見を述べない、選任手続で虚偽供述したなどの場合のほかに、「不公平な裁判をするおそれ」「裁判長の命じた事項に従わない」「不穏当な言動」をしたなどの場合にも、裁判所は裁判員を解任できることとなっています。これは一見して当然のことのようにも思えますが、しかしよく考えてみると変な話ですね。

一方では義務だと強制しておきながら、他方において「おまえは不適当だから解任する」と言って排除する。そういう権限を裁判所に与えるのは、国民主権の原則から裁判員の義務性を説明することとは平仄《ひょうそく》が合わず、この制度が民主主義の根本である国民主権の原則とは逆の考え方、国民を処罰する側、つまり統治権力側に抱き込もうとする権力的な考え方で作られていることをよく示しているように思います。

4 「覆面」裁判員

それから、裁判員の氏名は開示されず秘密とされ、検察官・弁護人が「正当な理由がなく」洩らすと一年以下の懲役や罰金に処せられるとされていますが、これも不思議なしくみです。裁判員は、いわば覆面をかぶって法廷に出てくるような、匿名の存在なのですね。つまり名前が公的には一切明らかにされないのです。法廷では確かに素顔をさらします。しかし名前は一切明らかにされず、公判の記録にも、判決書にも名前が載らない。判決書を書くのは裁判官とされていますが、その判決書の中に裁判員の名前を書かずに、三人ないしは一人の裁判官の名前だけを書く。ですから例えば死刑の判決を言い渡すときにも、その判断に裁判官のほかに裁判員としてだれが関与したかは一切公にされません。いわば匿名裁判、「覆面」裁判です。

そうする理由は、もし氏名を明らかにすれば、その人がある人の死刑判決に力を貸したという記録が一生残り、精神的負担を負うし、また脅迫、誹謗、中傷にあうなどのいろんな弊害が生じる危険にさらされるかもしれないから、というのでしょう。しかし、だれが裁判員として関与したかを一般の国民が知らされないというのは、一種の匿名裁判、「覆面」裁判です。

それだけではありません。無責任裁判に陥る危険があります。もし誤判が生じたときに一体だれが責任を負うのか。誤判の問題はこれからもかなり起こる危険があると思う。なぜかといえば、これ迄誤判を生んできた糾問的、人権侵害的な捜査および起訴の仕組みはそのまま残りますし、そればかりか「迅速・軽負担・平易化」のかけ声で審理が進められる裁判員関与裁判は、これ迄とは違ったタイプの誤判の原因を作り出していくからです。ところが、裁判員関与裁判に関する誤判責任の糾明は事実上も法理上も極めて難しいでしょうし、そもそも裁判員は国家賠償責任を負う立場にも立ちません。

もっとも、裁判員制度の下では、裁判員が関与する第一審でもしも誤判が起きたとしても、第二審の控訴審では職業裁判官だけで裁判することとされており、誤判のチェックはそこで行われる仕組みとなっているので、誤判を防ぎ損ったことの責任は裁判官が最終的に負うこととなり、そうなると国家賠償法で裁判官に対し誤判責任を追及する道があるともいえます。しかし、覆審（裁判のやり直し）ではなく事後審（裁判のチェック）とされている第二審に対し、誤判責任を追及するのは相当難しい。それだけでなく、裁判員も、実質上、誤判の責任を負うべき場合がある筈です。ところが、手続的には匿名で事実認定と量刑判断とに関与し、しかも判決書の起草や作成に関与せず、名前も出さない。その意味では裁判員は誤判に対し責任を全く負わないで済むような立場に立つのですね。この点は、大きな問題だと私は思います。

しかしながら、もっとよく考えてみると、裁判員は、裁判官よりも職務範囲も権限もずっと限定されており、誤判責任を負わせるのは気の毒な、装飾的な存在だという面があります。例えば、裁判員は、そもそも公判前整理手続に関与しません。ですから、争点とか証拠の決定については関与しない。これは基本的には裁判官が弁護・検察両方の意見を聞いて決めますので、裁判員は、公判前に予め決められた争点について、予め決められた証拠だけで判断しなければならないわけです。

しかも先ほどもちょっと触れましたが、自白の任意性については、裁判員は判断する権限を本来持ちません。本来と言ったのは、自白の任意性、例えば強制拷問・脅迫があったかということは裁判員が全く関与しない公判前整理手続で予め決めるべき事柄とされていますし、もし公判開始後に問題となったとしても、規定上は裁判員の判断事項から除かれているからですが、公判開始後にも任意性についての争いが激しく続くというときに、裁判長が裁判員に「どう思いますか、裁判員」というふうに意見を聞くことは裁量として認められるようです。しかし、実際上はそういうことはないでしょう。法律的には、自白の任意性についての判断の権限は裁判官にのみ認められ、裁判員にはないのです。

ですから比喩的にいえば、料理をつくろうとするときに素材と手順はもう決められ用意されている。証拠も争点も決まっている。ということは、何をつくるかが大体決まっているということとほとんど同じことです。裁判官、検察官、弁護人が公判前に予め決めてしまい、裁判員は、決められた手順と素材（証拠）で、事実認定と量刑とをいわばマニュアル通りに行わなければならない立場に立つのです。こういう存在である裁判員に対し誤判責任を追及するということは気の毒でもあり、ほとんど法的に不可能でしょうね。

5 「迅速・軽負担・平易化」の審理

裁判員の関与する審理は、争いのある事件では裁判官三人と裁判員六人とで、争いのない事件では裁判官一人と裁判員四人とで裁判することになり、第一回公判期日前に必ず公判前整理手続を開いて争点整理と証拠整理とをしなければなりません。このことは前に述べたとおりです。

裁判員が関与する公判審理は、裁判員の負担が過重にならないようにすること、審理が迅速で分かりやすいものとすること、つまり「迅速・軽負担・平易化」が大原則です（裁判員法五一条）。この大原則が、実際の場面では、被告人・弁護側の防御・弁護権と矛盾・衝突しがちなことは日常的に見聞・体験するところからも明らかですが、裁判員制度にはこのことについての慎重な配慮は全くといっていいほど見当たりません。それどころか逆に、どうすれば「迅速・軽負担・平易化」の簡便審理ができるかについて知恵を絞るよう、裁判官や検察官や弁護士に促しているのです。

その結果、争点と証拠を極力絞る、鑑定は公判前に前もってやらせ、その結果を簡単で分かりやすい形にしておく、捜査段階で作る調書もポイントを絞った分かりやすいものに整理して作成しておく、証拠としては、今迄通りそれらの調書（とくに検察官調書）を活用するとともに、合意調書（刑訴法三二七条）や第一回公判前作成の証人尋問調書（刑訴法二二六、二二七条）をも活用する、調書朗読は要旨の告知でよいとする、などのやり方が法曹三者間で考案されており、これが審理に持ち込まれることになること必至です。

このやり方では、これ迄「調書裁判」だとして批判されてきた捜査調書依存の弊害がそっくりそのまま持ち込まれるだけでなく、「迅速・軽負担・平易化」のかけ声に乗ってもっと悪い方向に向かうことになると私は思います。例えば、殺意が果たしてあったのかの点とか、凶器、殺害方法、傷口などについての細かい矛盾点が調書の上で巧みに整理され、簡略化されて隠れてしまい、骨だけの矛盾のない形に仕上げられたものだけが証拠として出される結果、被告人の法廷での弁解や主張の有利な手がかりとなるものが削られてしまうことが考えられるからです。

6　事実認定

裁判員は、事実認定について裁判官と対等な権限を持つとされています。

しかし、裁判員は裁判官と対等の立場に立つ力を本当に持てるでしょうか。裁判官は、裁判の経験や法律的知識の点で、裁判員とは違う専門的力量を持っているのはもちろんのことです。また思考力、論理力、説明力も平均以上に優れているといっていいでしょう。それに対し一般社会人の裁判員には、社会的経験とか常識の点では裁判官より優れていることが多いとされていますので、その意味では一長一短、対々だといっていえないことはありません。しかし、重大なのは次の点です。

裁判官は、公判が始まる以前に、公判前整理手続でさまざまな証拠に予め接し、事件の全体像と争点と証拠的組立てとをじっくり頭の中に入れているということです。つまり、裁判官はさまざまな情報をインプットし整理した上で法廷に臨んでくるわけですから、裁判員とはもともと知識・裁判経験・能力などの上での格差がある上に、情報格差が初めからものすごくあるわけです。ですから、対等は理想ではあっても、そういう状態になるのはとても難しいですね。そうしますと、どういうことになるかといえば、もちろん裁判員は意見を言うでしょうけれども、裁判官が巧みに示す方向にそう形で意見を述べ、裁判官はそれを尊重する形をとりながら自分が認定しようとする方向に議論をリードし集約していくでしょうね。それに対して「これはおかしい」というのは、相当な決心と論証能力が必要だろうと私は思います。

よく映画や模擬裁判では、一人の変り者風の裁判員とかしっかり者風の裁判員がいて、そこから出された小さい疑問が次々に展開していって無罪になっていく、というストーリーが描かれます。そんなことは全くあり得ないとは言いませんけれども、そしてまた弁護活動いかんによってそれはあり得るかもしれないけれども、しかしそうはいかない場合の方が現実には圧倒的に多いでしょう。現に模擬裁判の経験談の中でも、裁判官に「大体こういう筋じゃないですか」と言われると、それに対しては「おかしいな」ということはなかなか言えないという感想が出されています。

もっとも、難しい事件の場合、裁判官は三人いるわけですが、これが一人一人意見がばらばらなら、「私はA裁判官の意見に賛成だ」、「私はB裁判官の意見に賛成だ」と言えるかもしれません。けれども、そういうふうに裁判官の意見が割れることはほとんど期待できないのが現実です。官僚的管理システムががっちりと作られ、それに全く改革のメスが当てられていない裁判所の中で、金太郎飴風の裁判官が育成され、裁判長が強い力を持っているのが普通だからです。

ですから、裁判官と裁判員とが対等だなんていうのは、全くの幻想だとまで言っては言い過ぎかもしれませんが、幻想に近いものがあり、裁判官と裁判員とで意見が割れるというようにはなかなかいかないだろうと思います。

ところで、前に述べたように、争いのある殺人事件のような場合には、本当に難しい事実関係が争点になります。例えば、故意なのか、未必の故意なのか、過失なのかといったようなことが争点になります。ところがそういう難しい問題について、そのままの形で判断を裁判員に要求いたしますと、判断できないおそれがありますね。殺意と未必の故意と傷害の故意と過失とを区別することは、法律問題が絡み、裁判官にも難しく、ましてや一般の人にはもっと難しい。

そこで今裁判所が考えているのは、小刻みに「裸の事実」を次々と認定し、それを積み重ねていくというやり方です。法的な意味がどうなるかは後で私たち裁判官が判断し法律の条文や犯罪成立要件に当てはめて判断しますから、まず中間的な形で「裸の事実」を認定しなさい、というのです。最高裁の文書の中にそういうやり方が打ち出されています。またポイントごとに中間的に相談（合議）して固めていくやり方も提唱されています。

そうすると、小さい石をどんどん積み重ねていき、最後に裁判官が、法的当てはめも含めて総合的に判断していくというやり方になり、事実認定権の大半は事実上は裁判官が握る結果になることは目にみえています。

7　量刑

量刑についても裁判員が関与しますが、どうやって決めるのか問題です。

裁判の経験のない一般の市民の場合、いきなり裁判員として呼ばれて、「死刑にしましょうか、無期にしましょうか、それとも懲役何年にしましょうか」と聞かれても判断がつかないのが当然です。そこで「〇人殺したときには無期」とか、「〇人殺せば死刑」というような、そういうマニュアル的な量刑基準が必要ではないか、ということになるわけです。今はそういう量刑基準は作られていませんが、裁判員のためにそういうものを作る方向に裁判所は傾いております。

しかし、その基準は過去の例を積み重ねた一応のものに過ぎない筈のもので、現実の事件においては五人殺した場合でも死刑にするのは忍びない気の毒な事件だってあり得るわけですから、まさにケース・バイ・ケースの判断がそこに働くべきものです。ところが最高裁が考えているのは、量刑基準表で処理していくやり方、つまり過去の経験が蓄積されて出来上がった基準が実務にはあるので、それをマニュアル化して量刑判断に大いに利用しようというやり方のようです。

しかし、マニュアル化された基準は、もともと裁判官の長年の経験に基づく判断が蓄積されたものにすぎず、そもそも一般人の常識の反映という裁判員制度の趣旨に合わない筈のものです。しかも、マニュアル化されたものは、事件や被告人一人一人が抱える個別的な事情から離れ量刑を画一化していく弊害を生むでしょう。もしマニュアルで決めるというなら、裁判員は要らないし、裁判官だって要らないことになります。

本来、量刑というものは、決して機械的、マニュアル的なものであってはなりません。事件や被告人の個別的、具体的な事情を十二分に斟酌してきめ細かく判断すべきものであり、画一的な判断になじまないものです。それを無理にマニュアル化すれば、結果重視の重罰化傾向になっていくことは必至です。

8　被告人の選択権の否定と「公平な裁判所」

被告人には裁判員関与裁判を辞退あるいは拒否する権限は認められていません。

「おれは裁判員の裁判を受けるのは嫌だ」という人だって相当いると私は思います。ところがそれは認められないのですね。被告人に裁判員関与を拒否または選択する権利を与えていない。

しかし、被告人にそういう権利を与えないで、一般人たる国民が関与する裁判を被告人に強制すること、しかも強制されて裁判員になっている人による裁判を被告人に強制することは、どんな理屈をつけようとも、被告人が納得して裁判を受けるべき立場を無視し、公正な裁判を受ける被告人の権利を侵害するものであり、間違いです。

皆さん想像してみてください。被告人が法廷に身柄を拘束されて出て来ると、三人の裁判官のほかに六人の裁判員がずらっと前に並んで座っているわけです。被告人は、手錠こそは法廷に入ってから外されますが、ネクタイもつけず、事実上は有罪同様の扱いを受けて、「隣人」たる裁判員の前に出てくるのですから、このこと自体がある種の屈辱的な苦痛だということがあり得るわけです。また裁判員に対する感情、とくに強制されて出てくる裁判員に対する信頼感も、人によっては、いや一般には高いとはとてもいえないでしょう。

そしてまた被告人が、裁判において守られるべき無罪の推定が、「常識」の名によってやすやすと破られる危険を感じるとしても、現状では当然です。事件直後にマスコミの流す情報、これはほとんど警察情報なのですが、それによって影響され作られた「世論」や「常識」が裁判員を通じて超裁判的な力を発揮する危険を被告人が感じ、裁判員関与裁判に対し初めから不信感を抱くことは当然あり得ることです。被告人になってみれば、そういう感情が恐らく働くだろうと思います。

いや無実の場合には「隣人」たる市民を信頼して堂々と胸を張って法廷に出てくればいいし、そうすべきだという考えの人もいると思いますけれども、無実の方々の場合でも、いや無実の方々の場合こそむしろそういう感情や考慮や危惧感が働くと私は思う。そういうことも含めて、法廷という場をいかに被告人にとって信頼できる公平・公正な場にするかということを考えるべきであり、この観点から裁判員裁判に対する被告人の拒否権ないし選択権が尊重されるべきだったと私は考えます。

この点と関連し、私はここで裁判員制度の根幹を形づくっている「市民的常識の裁判への反映」ということについて、次のことを述べておきたいと思います。それは、裁判員制度が、一般人の市民的常識を正しく反映できる場としての条件を備えているだろうかということです。

一般人の素朴で日常的な常識ないし常識的感覚は、逮捕され起訴された者は九九％犯人であり、有罪とされるべきだというものです。公平な裁判をするためには、裁判員がこのような素朴だが「悪しき」日常的な常識的感覚を捨て、先入観なしに「無罪の推定」の原則に基づいて裁判に当たることができる条件が用意されていることが必要ですが、果たしてそうなっているかが問題です。

第一に、残念ながら裁判員制度は、前にも述べたように、この「悪しき」常識的感覚や先入観を生み出し育てている捜査依存の糾問的な刑事手続構造を改革しようとせず、むしろその構造の上に乗っかろうとしています。

第二に、裁判員一人一人が「悪しき」常識的感覚や先入観を捨て、「無罪の推定」の原則にしっかりと立つためには、裁判所の内外で行われる、警察・検察の捜査や起訴や立証活動に対する批判的な訴訟活動や言論に十分に接することが必要です。ところが裁判員法は、このような批判的な訴訟活動に対し、前に述べたように「迅速・軽負担・平易化」をスローガンとする公判審理をもって対処し封じ込める道を用意しています。また、一般人の裁判員への接触、情報提供、意見陳述等を一切禁止し、その違反に対し場合によっては刑罰を科する規定を置いていますし、裁判員が職務上の秘密を漏らすことについても刑罰をもって厳しく禁止しています。こういう措置は、たしかに裁判員が独立して自己の信念や良心に従って裁判することを妨げる行為を防ぎ禁圧する上で必要な面のあることは否定できませんが、裁判所外における裁判批判の言論活動に対しブレーキとなる危険もあります。

裁判員の常識が社会的にみて望ましい常識と合致したものであるためには、裁判に関する批判的言論活動の自由が極力保障されなければなりません。批判的な言論から切り離された、その意味で真空のような空間としての法廷、逆に被告人を犯人視する、目に見えない有罪推定的な磁力のみが強く働いている磁場たる法廷の中にいて、自分ひとりの常識と良心だけを頼りにして判断することを裁判員に要求するのは、ある意味で危ういことだと私は思う。

市民的常識というものは、お互いに広く十分に議論し批判し合ってこそ初めて、「常識的にはこうなる」と言う結論に落ち着いていけるものだと私は思います。もしもそういう過程を経ない場合、裁判員として有罪推定的磁場に置かれた六人の常識が、一般の市民社会の常識と違うことがあり得る。その意味では、もし裁判批判の言論が逼塞《ひっそく》状態に陥ることがあれば、六人の常識が社会の常識ではないことが容易に生じ得るわけです。そう考えてきますと、裁判員制度の作り出す真空的な訴訟空間は、被告人にとってむしろ危険な空間となるように私は思います。

9　評議・評決

有罪か無罪か、死刑か無期か懲役かを決める評議や評決についても、いろいろと問題がありますが、裁判員法で決まっている主なことは、裁判官と裁判員とで評議を行うこと、裁判員は必ず意見を述べなければならないこと、もし意見を述べないと解任されるかもしれないこと、評決に当たっては裁判官・裁判員の双方の意見を含む過半数の意見によって決定が行われることなどです。

これらのうち最後の点は、裁判員だけで有罪・無罪や量刑が決められるのを防ぐ意味または狙いを持つものです。ですから裁判員が全員無罪と確信しても裁判官が最低一人これに加担して無罪説に立たなければ無罪にできないことになります。逆に裁判官が全員有罪と確信しても、最低二人の裁判員が有罪説をとらなければ有罪にできないということになります。

しかし、実際には裁判官の力が圧倒的に優っていること、知識、経験、論理的思考力、説明力の点のみならず、情報格差の点も大きいことなどのため、裁判官と裁判員との間での意見対立が生じる余地は、もともとあまりないのではないかと思われます。

その上、前に述べたように中間評議を通じてどんどん心証を固めながら審理を進める形がとられるようですので、評議・評決の段階では意見対立はほとんど残っていない状態になっていると思われます。

10　控訴審

控訴審の段階では裁判官だけで裁判します。

これが裁判員制度の不思議な点なのですが、なぜ控訴審の段階では急に一般人の常識が不必要になって裁判官だけで裁判していいことになるのか、なぜ裁判員の加わった判断を否定できるのか。理屈では一切説明できない。しかも検察官が上訴するのは自由であり、今迄同様に事後審とされています。ですから、裁判員関与の無罪判決は簡単に引っくり返せるしくみになっています。

四　刑事実務の運用方向――「核心司法」へ？――

1　最高裁・最高検・日弁連

こういう裁判員制度について、どう運用するかということは、新しい制度であるだけに大きな問題です。今最高裁や最高検や日弁連は、それぞれに考えています。

最高裁は、先ほどもちょっとご紹介した試案を発表しています（『判例タイムズ』一一八八号）。これによると、中間評議を行って「裸の事実」を認定し、それを積み重ね、総合評価の段階で法的説明と法的要件への当てはめを行うこと、量刑は過去の裁判例で形成された量刑基準をデータとして行うようにすること、争点中心の、めりはりのある分かりやすい、事件の核心に迫った審理をするようにすること、むだなことは切り捨て、証拠を厳選すること、証人中心を原則とし、いわゆる二号書面（検察官調書）についてはなるべく使わないほうがいいが、そのかわりに二二七条（第一回公判前の証人尋問）を活用すること、などが提唱されています。

次に、最高検も試案を出しています（「裁判員制度の下における捜査・公判遂行の在り方に関する試案」）。

これによりますと、平易・迅速・効率的なやり方で事案の核心と全体像を解明するため、中心的な核心に絞った裁判を目指すこと、自白追求の捜査は温存し簡潔な調書を作ること、現場引き当てや犯行再現の証拠化や鑑定の要約化とその証言化を推進すること、いわゆる二号書面（検察官調書）は大いに利用し、二二七条（第一回公判前の証人尋問）も活用すること、量刑の基準化については留保すること、などが打ち出されています。

また、この試案とは別に、自白の任意性の立証に関連し、検察官の取調の録画・録音の一部導入を検討し、本年（二〇〇六年）七月から東京地検で試行的に始めたと伝えられています。もっともこれをやるかやらないか、やるとしてどの事件のどの場面の取調を録音・録画するかは、全く検察官の自由裁量に委ねられています。

それから、日弁連も提言案を発表して「核心司法」への転換を目指すとし、立証対象事実の絞り込み、証拠の厳選、人証中心、書証要旨告知の原則的不相当化、合意書面の活用、二号書面採用要件（特信性）の厳格解釈、取調録音・録画化による自白任意性の立証などを提言しています。

以上のような実務的な提言や試案を全体的に眺めてみますと、法曹三者はほぼ共通して「迅速・軽負担・平易化」を至上課題として掲げ、事件の核心、事案の核心に審理を集中していくこと、そのため直接口頭主義、証人中心の審理を目指すが、二号書面や自白調書の利用はほぼ従来通り許容すること、書証は簡略化し、その要旨告知もほぼ従来通り許容することをめざしているといっていいように思います。

この方向を「核心司法」（日弁連）と特徴づけ正当化する向きもありますが、その実体は糾問的捜査への依存性及び防御・弁護活動規制の強化と一体的なものだ、ということを見逃してはなりません。

説明が少し不十分だったかもしれませんが、冒頭のほうでも申し述べたように、捜査改革の課題は、代用監獄問題、接見問題、身柄問題など、どれもこれもネグレクトされたままです。また防御・弁護活動について裁判所や検察が管理統制する権限は強化されました。被告人は、手錠をかけられ、防御する術を奪われたまま、いわば犯人扱いされて、裁判員の前に引き立てられるに等しいのです。

2　「管理統制司法」？

今迄述べたところからも明らかなように、裁判員制度と公判前整理手続とがセットされたこれからの刑事裁判は、糾問的捜査の上に組み立てられている点では今迄の手続と同じであり、自白依存、調書依存、つまり捜査依存の点では同じ構造を持つのです。ただ、今迄の手続とは随分違う様相を持つ点も多くなると思います。

今迄の手続は、糾問的で人権侵害的な捜査という弊害の多い土台の上に組み立てられている点では今度の改革によって出来上がる手続と同じですが、しかし公判廷では弁護活動を管理・統制することは抑えて比較的自由にやらせ、起訴状一本主義に基づき裁判官が予断偏見なしに公開の法廷で争点を徐々に決めて審理を進めるやり方が一応とられてきました。

ところが今後行われる裁判員関与の手続は、糾問的土台はほとんど変わりないが、裁判員が公判段階で装飾的に関与するとともに、「迅速・軽負担・平易化」のスローガンのもとで公判前の準備的な手続の強化による予断排除（起訴状一本主義）の後退と、公判審理の形式化、儀式化、ショーアップ化、迅速化、要点化、簡便化とが進み、訴訟指揮・訴訟管理が強化され、弁護活動が統制・規制され、弁護士自身が法務省（司法支援センター）に囲い込まれていく危険を抱えています。

国民の司法参加という、一見民主的に見える裁判員制度下の裁判は、決して被告人にとって公正な裁判を実現できるような仕組みにはなっていません。「迅速・軽負担・平易化」というスローガンのもとに公判が形式化し、防御・弁護活動が制限され、弁護管理が進み、そればかりか裁判員も一般国民も秘密の壁で囲われ、裁判が批判不可能な聖域にされてしまうでしょう。

これを果たして改善といえるだろうか。私は逆だと言いたい。裁判員制度によって出現する刑事司法の本質は、強権的な「管理統制司法」というべきものだと私は考えます。

五　刑事司法再改革への展望と救援運動の課題

1　裁判員制度の矛盾の克服の課題性と困難性

以上の点を踏まえながら、救援運動は、どういう姿勢で、どういう課題に取り組むべきかについて、私見を述べたいと思います。

今回の裁判員制度を含む司法改革によって出現しつつある刑事司法は、一言で言えば「管理統制司法」です。この司法に対する国民の積極的支持は全くなく、人権擁護との矛盾、冤罪防止との矛盾、良心的弁護との矛盾を強く持つことへの危惧が徐々に拡がっています。マスコミでも良心的な部分はこのことに気付きつつあり、法曹界や学界にも、当初から伏在していた批判がむしろ強くなる動きを示しています。その意味でこの制度は、良識や世論との矛盾、それから救援活動との矛盾を今後一層顕在化させ拡大していくと私は思います。

但し、私たちがこの制度の矛盾や欠陥を批判しようとする場合、一定の困難さがあることを否定できません。

第一に、既に裁判員制度が実定法化されたということです。でき上ってしまった制度に対して今さらどうやって闘うのか、という点で困難さがあります。

第二に、裁判員制度というものは民主的な制度だという、実証抜きの幻想に近い考え方が一般の国民の中にもマスコミにも、そして学界の中にもまだまだ根強くあることです。そのためもあって、「裁判員制度は主権者たる国民の司法参加であり、これを批判するのは、自分を批判し自己否定するようなものではないか」、「国民・大衆を信用しないのか」、「刑事裁判を〝官から民へ〟と良い方向に少しは変えるのではないか」と反論されたときに、私たちにたじろぐ気持が起きないとは限らない。

困難さの第三として私が指摘したいのは、迅速な厳罰を期待する社会風潮や被害者の手続参加要求が強まっていることです。ああいう残虐な犯罪を犯した者は一日も早く死刑にすべきだと言わんばかりの言説が、事件直後からマスコミやインターネットなどを通じて大量に流され、それに一般の人が巻き込まれていくという風潮がますます強くなっています。そういう風潮の中で、被告人の言い分をよく聞いて、丁寧に審理して、その中に冤罪がないかどうか、どういう原因で犯罪に至ったのか、どういう刑に処するのが適切・妥当かを、専門的知見に基づく判断を含め慎重に考慮して判断すべきだ、という正論はともすれば無視されがちです。

第四に、憲法改悪、核戦争準備、力による「テロ」抑え込みの政治的流れの中で、強い刑罰への期待が政治的にものすごく強くなっていることです。

そういう四つの困難さに私たちは直面しています。

2　私たちの運動課題

そういう困難さのある中で、どうやってこの困難性を克服し打開していくべきかについて、何点かを指摘しておきたいと思います。

まず第一に大切なことは、今回の改革、とりわけ裁判員制度新設、公判前整理手続導入、そして司法支援センター創設によってできた刑事司法の新しい仕組みと、これによって生じる刑事裁判の変化とその本質とについてきちんと学習して見抜くことです。

どこに欠陥があり、どこに落とし穴があるのか。私は先ほどから欠陥や落とし穴を随分指摘してきましたけれども、それでもまだ不十分であり、これからはもっと深刻な問題が現実化していくと思います。それにつけても私が言いたいのは、幻想や先入観を持たないで事実を直視すべきだということです。

私たちは、ともすれば「素人の裁判員が裁判するのだからしかたがない」とか「民主主義だからこうなるのは当然だ」とあきらめてしまったり、中途半端にごまかされてしまいがちです。そうであってはなりません。裁判員制度は、人権の立場に立っても民主主義の立場に立っても大きな構造的欠陥を持った制度であり、被告人にとっても弁護人にとっても救援運動にとっても、公正で人権保障的な裁判の実現を妨げる危険のある制度です。その根本的な構造的欠陥から出てくる弊害は、これから被告人や弁護人や救援運動の身の回りにどんどん押し寄せてくるでしょう。ちょうど年金改革の場合と同じです。どんどん押し寄せてくると私は思う。

そのときに、裁判員制度は主権者たる国民自身が裁判する制度、司法参加の制度なのだから、その裁判を批判することは自分自身を批判することであり、民主主義に反するというような、そういう奇妙な論理の落とし穴にはまることなく、あく迄被告人の人権を守る公正な裁判を追求する立場を固く守り、この制度の欠陥と弊害をきちんと見抜いて批判し、この制度の廃止を視野に入れつつ根本的に再改革する課題を提起し、運動を立ち上げることが重要だと思います。

第二に、救援を求めている被告人は勿論のこと、弁護人に対しても、これまで以上に激励と支援の運動を活発化することです。

弁護人は、こういう欠陥の多い制度の下であっても、これまでと同じように、あるいはこれまで以上に充実した弁護活動を展開しようと努力するでしょう。ところがその弁護人に対して、先ほども言ったように、弁護の統制・管理の制度が飛躍的に強化・拡大されています。開示証拠の目的外使用の処罰がその例です。今迄のように、開示された証拠を救援関係者や学者やマスコミ・ジャーナリストなどに渡して検討を依頼するというわけにはいかなくなっています。うっかりすると救援関係者や学者もその共犯として処罰されかねません。

そういうことも含めて、弁護人が非常に困難な状況に置かれつつあるということを理解しなければなりませんが、その上でなお、無実の者を救うためにギリギリのところ迄闘ってもらうため、知恵を絞り、激励し、支援しなければなりません。弁護人が救援運動を激励するというより、救援運動が弁護人を激励し支援しなければならない場面がこれ迄以上に増えてくるだろうと思います。

3　傍聴運動の大切さ

第三に、私は傍聴運動の重要さを改めて指摘したい。

裁判員制度はさまざまな欠陥を抱えており、批判の対象とすべきですが、それとともに、この制度が存続する限り裁判員にはこの制度の下でもいい裁判をしてもらわなければならない。そういう意味で裁判員の良心への働きかけという課題が私たちにはあるわけです。

裁判員の人間としての社会的常識とか理性とか良心に対してどうやって働きかけるか。直接的に働きかけようとすると、裁判員制度はこれに刑罰をもって臨み抑えつけようとする。このことは前にも述べた通りです。しかし、私たちは、言論の自由を持ち、批判の自由を持っており、公正な裁判を要求する権利を持っているのですから、知恵の限りを尽くして裁判員の人間としての理性と良心と常識とに訴えて、「無実の者は無罪に」「公正な裁判を」という世論を強めていかなければなりません。今迄は裁判官だけを相手にしてきたのですが、これからは裁判官だけではなくて裁判員もまた働きかけの対象です。ただ、うかつにストレートに働きかけると危ないので、知恵と工夫を尽くして方策を生み出していかなければなりません。

その一つとして、公判傍聴ということがこれ迄以上に重要な意義を担うことになるのではないかと思います。傍聴すれば必ず裁判員に会えるわけですし、裁判員に対して有形無形のメッセージを送ることができます。そして傍聴したあとすぐに、そこで見聞したことを救援関係者に対しては勿論のこと、一般の人やマスコミにも伝えることができます。傍聴メモは公判廷でできますから、メモし、どういうことが法廷で起こっているかということをいろいろなメディアを通じて伝えていく。これを刑罰でもって取り締まることは難しいでしょうね。もちろん表現や内容には十分注意し、正確を期していかなければなりませんが……。

4　闘えば必ず勝てる

最後になりますが、刑事司法改革や裁判員制度のみならず、私たちにとって容易ならざる事態が次から次へと押し寄せてきております。憲法改悪は五年といわれ始めていますが、その前に「教育基本法」とか「国民投票法」とか「共謀罪」とか、次から次へと大変な悪法立法化の波が押し寄せてきています。特に「共謀罪」という悪法は、まさに冤罪事件を生む「法律的なわな」であり、これが立法化された暁には大変な事態が生じることが予測されます。

そういう中で、私たちは、テロとか犯罪に対して、刑罰権拡大や警察権力強化で対処するのではなく、理性と良心を活性化させ、社会連帯の力で対処する、そして憲法改悪は許さない、そういう大きな構えを持ちながら、人権侵害を許さない闘い、冤罪を許さない闘いを組んでいかなければならないと思います。

私たちに課せられている課題は非常に大きくて重いものがあります。「闘えば必ず勝てる」というお話が先ほど国民救援会中央本部の方からありましたけれども、私も本当にそう思います。本部の方のお話のなかに出た葛飾区の荒川庸生さんのビラ配りのケースはまさにその例です。実は私も荒川さんにお会いしたことがあり、救援運動のお手伝いも少ししたのですが、第一審で無罪判決が出たのは多くの人が支援した結果だと思います。

「闘えば必ず勝てる」ということを胸に刻んで、皆さんの一層のご奮闘を期待するとともに、私もできるだけ元気でお手伝いをしたいと思います。きょうは長時間、ご静聴ありがとうございました。（拍手）

第二部　裁判員制度の本質は何か

Ⅲ　司法改革と裁判員制度の本質

歴史教育者協議会『歴史地理教育』二〇〇七年一一月号（七二一号）。原題「司法改革と裁判員制度」。

一　司法制度改革の背景とプロセス

一　裁判員制度を含む司法制度改革全般の動きが始まったのは、一九九四年のことであった。この年の夏、財界団体の一つである経済同友会は、「現代日本社会の病理と処方――個人を生かす社会の実現に向けて」と題する文書を発表し、経済・行政の面での規制緩和の推進政策に見合う司法制度の改革を求め、とくに法曹人口（弁護士人口）の大幅な一挙拡大を要求し、司法改革推進審議会の設置を提唱した。

この提案は、アメリカからの要求と圧力をバックに、司法界の大きな反響と政財界の素早い連鎖反応とを巻き起こすとともに、政府が当時急ピッチで推進していた規制緩和及び行政改革の計画の中に素早く取り入れられていった。翌年（九五年）三月の閣議決定「規制緩和推進計画」に法曹人口の大幅拡大の方針が盛り込まれた。また同年一二月の行政改革委員会規制緩和小委員会の意見書にも同様の方針が取り入れられたのである。

この動きは、一九九七年に入ると、規制緩和、行政改革の動きと併行する形でいっそう加速し、政財界からは司法制度改革要求が具体的な形で相次いで出された。その年の一月、経済同友会が「グローバル化に対応する企業法制の整備を目指して――民間主導の市場経済に向けた法制度と立法・司法の改革」と題する文書を、また一一月には自由民主党（自民党）司法制度特別調査会が報告書「司法制度改革の基本的な方針――透明なルールと自己責任の社会に向けて」をそれぞれ出すなどして司法制度改革の戦略を徐々に固めていき、その年の一二月には行政改革会議の最終報告書も、「法の支配」の拡充・発展を図るためとして、司法の人的、制度的基盤の整備のための本格的検討の開始を政府に要望した。

そして一九九八年に入ると、財界の中心的団体である経済団体連合会（経団連）も五月に、「司法制度改革についての意見」を発表し、自由市場社会に見合う制度として、法曹一元化、ロースクール設立、法律事務開放、裁判迅速化などを要求した。また六月、自民党司法制度特別調査会は、司法制度審議会の設置を提案するに至った。

以上のような経過を経て、一九九九年六月、国レベルの司法制度改革審議会が設置されることとなり、翌月、発足する運びとなった。

二　以上のような経過からも明らかなように、司法制度改革は、政財界が規制緩和と行政改革を理由に組み立てた、新自由主義的統治戦略の一環としてプランニングされたものである。

その狙いは、上記の各文書が明示するように、規制緩和と行政改革が創出する市場万能の自由競争至上社会と、これによって増加することの必至な秩序弛緩、逸脱、異端行為などの増大に対する事後的取締り強化の必要とに見合う司法への再編・改造であった。もっと端的にいえば、弱肉強食社会を放置・助長する「自由」な司法、このような社会からの落ちこぼれ分子に対する「自己責任追及」の強化と警察的治安取締りの強化とをオーソライズする「強権的」な司法への改造であったのである。

この狙いに沿う司法改造プラン作りに向け、司法制度改革審議会、行政改革推進本部、自民党、政府、財界団体など、各種の権力機関は相呼応し連携して司法制度改革に取り組み、在野民間の日本弁護士連合会（日弁連）もこれに呼応する動きを見せた。

そして司法制度改革審議会は、二〇〇〇年一一月に中間報告を、翌年六月に最終報告をそれぞれまとめ上げ、司法の人的基盤拡大、制度的基盤整備、国民的基盤拡大の方向を打ち出した。

この方向に沿う改革プランの一層の具体化の作業は、内閣に設置された司法制度改革推進本部に委《ゆだ》ねられ、ここを舞台にして改革関係法の要綱づくりが行われ、二〇〇二年から二〇〇四年にかけて次々に法案が策定されて国会に提出され、可決、成立に至った。

その結果として、①人的基盤の拡充として、弁護士人口の大幅一挙拡大（年間司法試験合格者五〇〇人から三〇〇〇人体制へ）、法科大学院制度創設、司法試験簡易化と司法修習の実務修習重点化・短縮化など、②制度的基盤の整備として、裁判外紛争解決手段の拡大、民事訴訟の迅速・計画化、専門家利用の拡大、刑事裁判の迅速・効率化、被疑者国選弁護制度導入など、③国民的基盤の確立として、裁判員制度創設、検察審査会の権限拡大などが実現された。

三　上述してきたようなプロセスからも窺《うかが》い知られるように、司法改革は、天皇制国家に即応する強権的天皇制司法を抜本的に改革し、「基本的人権の砦」として憲法擁護の基本任務を裁判所に付与した戦後司法改革とは、全く異質な目的と理念とに立脚したものであり、その「解体」を意図するものであったのである。このことについての詳細な論証は拙著『司法改革の思想と論理』（信山社、二〇〇一年）、同『刑事訴訟法の変動と憲法的思考』（日本評論社、二〇〇六年）などを参照していただくこととし、ここでは司法制度改革審議会中間報告中の一節の要旨を参照するに止めたい。

同報告によれば、二〇世紀末に至り、膨大な財政赤字と経済的困難を抱え、社会的閉塞感に陥っている我が国の国家・社会のシステムを改革しなければならず、政治改革、行政改革、地方分権などが実施されつつあるが、これら改革の「最後のかなめ」として、国民の統治客体意識からの脱却をめざし、「この国のかたち」を再構築するため司法制度改革を行う、というのである。

ここに記されているのは、新自由主義的改革に国家的生き残りと社会的制覇とを賭けた政財界の既成権力の統治戦略そのものである。この戦略にあっては、司法は統治の手段、とりわけ行政と財界主導の経済活動の補完物に過ぎず、人権保障機能、憲法保障機能の弱体化が意図されているのである。

ではこのような司法制度改革の狙いや本質は、裁判員制度導入とどういう関係に立つのだろうか。

二　裁判員制度のしくみと特徴・問題点

一　司法制度改革の動きのなかで、国民の司法参加の問題を改革課題として積極的に提起したのは弁護士層であった。たとえば、日本弁護士連合会は一九九八年一一月に発表した「司法改革ビジョン――市民に身近で信頼される司法をめざして」において、キャリア裁判官制度の廃止、法曹一元などと並んで陪・参審の実現という課題を掲げた。この提言は司法制度改革審議会においても繰り返され、政財界によって素早く取り入れられていった。二〇〇〇年夏になると、最高裁判所側もこれに賛成するに至り、基本的合意が成立した。

その後、国民参加の具体的形態をいかなるものとすべきかについて、ヨーロッパ型の参審制度やアメリカ型の陪審制度などを参考とする形で審議会の内外で検討が行われたが、二〇〇一年一月末には、参審でも陪審でもない、わが国独自の「裁判員」という制度構想が審議会で固められていった。

「裁判員」制度の構想は、「健全な社会常識が刑事裁判の内容により反映され司法がより強固な国民的基盤を得るようになることを目的とし、広く一般国民が裁判官と責任を分担し協働して裁判決定に主体的・実質的に関与する制度」というものであった（司法制度改革審議会最終報告）。この構想は、司法制度改革推進本部（裁判員制度・刑事分科会）において具体化され、二〇〇四年二月、裁判員法案の国会提出、同年五月成立、公布となった。

二

この制度のしくみについては、ここではごく簡単な骨組みを述べるだけにする。

① 対象事件――死刑・無期刑となる事件、または故意の犯罪行為で被害者を死亡させた事件。

② 構成――原則は裁判官三人・裁判員六人。例外として裁判官一人・裁判員四人。

③ 裁判員の選任――衆議院議員選挙有権者（二〇歳以上）のうち、欠格事由、就職禁止事由、辞退事由、不適格事由のある者を除く者から、くじで候補者を選び裁判所が決定する。候補者に対し、検察官・被告人はそれぞれ四人を限度として理由を示すことなく不選任を請求できる。

④　裁判員の権限――証人・被害者・被告人に対する尋問ないし質問をする権限、評議・評決にかかわる権限（事実認定、法律の適用、量刑のいずれにも加われる）。

⑤　裁判員（その候補者）の義務――評決の秘密、その他職務上知り得た事実の漏示禁止（↓処罰）、公正さへの信頼を損なうおそれのある行為や品位を害するような行為の禁止、候補者への質問票に虚偽記載することや質問への虚偽陳述の禁止（↓処罰）、候補者の不出頭・宣誓拒否の禁止（↓処罰）。

⑥　裁判員（候補者を含む）以外の者に対する規制――裁判員への雇用上の不利益取扱の禁止、裁判員への接触禁止、職務に関する請託・意見陳述・情報提供・威迫の禁止（↓処罰）。

⑦　控訴審――裁判官のみで審理・判決。

⑧　公判前および公判期日間の整理手続――裁判員関与裁判の場合には争点及び証拠を前もって整理するため公判期日前整理手続を必ず行う（また公判期日間にも必要に応じて行う）。この手続には裁判員は出席しない。

⑨　この制度は五年以内（二〇〇九年五月二七日迄）に施行する。

三　以上のようなしくみを持つ裁判員制度は、一般の国民からくじで選ばれる国民が平等に参加する点ではアメリカ流の陪審に似ているが、しかし事実認定のみならす法律の適用と量刑にも裁判官と同等に評議・決定に参加する点では陪審とは異なり、ヨーロッパ流の参審に似ている。

こうして裁判員制度はわが国独自の国民参加制度といえそうだが、裁判員の選任手続において（実は解任手続においても）裁判官の裁量が強いこと、また争点や証拠を決める重要な公判前整理手続に（公判期日間整理手続にも）裁判員は参加できないこと、公判手続や評議・評決手続においても経験、知識、情報の豊富な裁判官のイニシアティブないしヘゲモニーが強く働くであろうことなどを考慮すると、陪審とは本質的に異なる裁判官主導の制度であり、むしろ、参審の一変種とみるべきものであろう。

問題はこの裁判員制度をどう評価すべきかであるが、この点は「三　裁判員制度の本質と役割」で述べることとし、その前にこの制度が抱え、実施がいよいよ近付いている現在でも解消できない制度的な疑問ないし問題点、いやそれどころかますます深刻化し一般国民の不信感さえ生み出している疑問ないし問題点を予め列挙しておきたいと思う（拙著『希望としての憲法』花伝社、二〇〇四年、一三六ページ以下）。

第一に、国民に対し裁判員就任を義務化して刑罰で強制し、精神的、生活的に重い負担を強いるのは疑問である。憲法には義務化を認める規定はなく、逆に思想良心の自由や苦役からの自由など、義務化と抵触する規定が置かれている。

法案の底には、国民は主権者なのだから裁判員になる義務を負うのは当然だという考え方がある。しかし、この考え方は短絡的に過ぎる。いくら主権者だからといって、憲法上の明文もないのに思想良心の自由を拘束され国政参加を強制されてよいわけがない。現に国民は選挙や公務を強制されていない。とくに刑事司法の場合は、犯罪と人権という重大かつデリケートな事柄を扱うのだから、強制はなおさら不適当である。

第二に、被告人が裁判員制度に対し、どんなに不信感や不安感を持ち、裁判官のみによる裁判を望んでも認められない点も疑問である。

そもそも司法制度は、裁く者に対する信頼感、公平感に立脚するしくみを持たなければならない。憲法が「公平な裁判所」の裁判を受ける権利を被告人に保障しているのはその趣旨であり、被告人の信頼感、公平感こそ、この権利の不可欠な構成要素である。このことを軽視し、歴史も経験の蓄積もない新種の裁判員制度の受容を被告人に強制するのは不当であり、憲法にも合わない。

第三に、裁判員は、事実認定と量刑には参加するが、訴訟の進め方、証拠の採否、法律の解釈については権限が与えられない。

このような権限の格差に加え、裁判経験や法的知識の差や、公判前整理手続を通じて裁判官が事前に豊富な情報を収集・入手し得ることなどもあって、裁判員が裁判官と対等で独立の立場に立つことは極めて難しく、装飾的存在になりかねない。

第四に、この制度が、人権侵害的な捜査の温存とこれへの依存性維持とを前提として組み立てられていることも極めて重大である。これでは人権侵害と誤判という宿弊《しゅくへい》を解決できる筈がない。それどころか裁判員関与の公判審理を迅速かつ効率的に進めるため、「迅速、軽負担、平易化」

の措置を活用する審理方式が整えられつつあり、その結果、被告人側の防御・弁護活動の制限が強まり、防御権侵害と誤判増大の危険さえある。

第五に、多数の秘密漏洩《ろうえい》処罰規定や接触禁止規定の存在も問題である。これらは、裁判員関与裁判を秘密の聖域と化し、裁判報道や裁判批判的な言論を取り締まり、ひいては公正な裁判の実現を求める一般市民の動きを抑えつけてしまう。

三　裁判員制度の本質と役割

一　いま政府は、最高裁判所や日弁連、そしてマスコミの協力を得て一丸《いちがん》となって裁判員制度の実施に向け各種の企画を通じて宣伝を展開している。その過程で「やらせ」タウンミーティングの問題が発覚し、この制度の本質の一端が浮き彫りにされる状況が生じている（魚住昭「最高裁が手を染めた『二七億円の癒着』」『現代』二〇〇七年四月号）。

その本質とは何か。端的にいえば、民主性・市民性の「偽装性」にこの制度の本質があると私は思う。私のこの見方が決して偏見でも独断でもないことは、本稿で述べてきたことからもかなりの程度理解できると思うが、実は一般の国民のほとんどが直感的、経験的に見抜いていることなのである。このことを何よりも的確に証明するのは各種の世論調査である。

たとえば内閣府が本年（二〇〇七年）二月一日に発表した特別世論調査によれば、「参加したくない」三三・六％、「あまり参加したくないが義務なら参加せざるを得ない」四四・五％であり、合計すると消極的意見が七八・一％、約八割に上っている。しかもこの消極的傾向は、一年前よりも八％も強まっているというのである。これがピーアール不足とか理解不足によるものでないことは明らかである。逆にこの制度のしくみを知れば知るほど国民は拒否反応を強くしているのである。これは、一般の国民がこの制度の偽装性とその危険な本質を見抜いているからではないか、と私には思われる。

二　かつて大正時代にわが国でも陪審法が制定され、陪審制度が一九二八年（昭和三年）から一九四三年（昭和一八年）まで一五年間実施されたことがある。この法律を生み出したのは大正デモクラシー運動であり、原敬に代表される政党の力であった。それは、天皇制司法の枠組みに強く規定され、当時「陪審法ならざる陪審法」と評されたほどに問題の多いものであった。たとえば陪審の答申には拘束力がなかったのである。しかし、それでも陪審法は、陪審員が裁判官から独立して事実認定を行うという、陪審制度の基幹部分を備えていた。そして一五年間で四九四件を審理し、そのうち八一件（一八％）につき無罪判決を出すことに成功した。ところが、この制度は昭和初期日本の国家と社会を支配した、戦争とファシズムの時代的流れの中で発展・活用の芽を摘まれて衰退し、ついに一九四三年春には施行を停止された。

それから六十数年を経た今、裁判員制度が実施に移されようとしている。この制度を生み出したのは、デモクラシーとは異質な、政財界の新自由主義的統治戦略であり、治安取締強化の国家戦略である。その主な狙いは、国民に刑事裁判参加を義務付け強制することを通じて権力層に抱き込み、「統治主体意識」、つまりは権力的意識・処罰意識を注入し、国家的な処罰・取締体制の基盤を強固なものとしていくことにある。

この狙いに沿って、いま裁判員制度導入をテコとする形で刑事裁判の効率的迅速化、強権化、平易化、軽負担・簡便化が推進され、わずか三回の公判で第一審の裁判を終える態勢が整えられつつある（『河北新報』二〇〇七年八月二一日）。

しかし、この効率的迅速化、強権化、平易化、軽負担・簡便化の裁判員関与裁判は、形式化・儀式化やショー化などの現象を伴いながら、被告人側の防御・弁護活動を制限して抑え込み、機械的な重罰化傾向のみならず、誤判の増加傾向さえ生み出しかねない危険を強くはらんでいるのである。

三

裁判員制度の欠陥は余りにも重大であり、それがもたらす弊害は、裁判員になる者にとっても被告人として裁かれる者にとっても（とくに後者にとって）、おそらく（いや確実に）悲劇的である。このことを私たちは、裁く立場に立つ者のみならず裁かれる立場に立つ者をも含んでいる一般の国民の視点に立って、しっかりと見抜き、権力的な偽装的論理やその働きかけに惑わされることなく、人権と真の民主主義の視点をしっかりと守り、この制度に批判的に向き合わなければならない。

この批判的姿勢は、おそらくはこの制度の廃止を求める流れに向かわざるを得ないであろうと私は考える。このことは、他の新自由主義的改革なるものが経済・社会面でも政治面でも早くも国民との矛盾を深め破綻《はたん》へと向かっている現実に照らし、確実と思われる。ただし、この流れが、いつ、どういう形で現実を動かす力となるか、それを具体的に予測するには残念ながらもう少し時間が必要というべきである。

Ⅳ　裁判員制度の批判的考察

丹宗暁信・小田中聰樹編『構造改革批判と法の視点』（花伝社、二〇〇四年）に収録。後に拙著『刑事訴訟法の変動と憲法的思考』（日本評論社、二〇〇六年）に字句修正や追記を施して収録。

一　司法改革理念としての「統治主体意識」イデオロギー

1　司法改革の現在

一　一九九〇年代中葉以降、財界や政権政党などを中核とする統治層が、アメリカの圧力や有力マスコミのキャンペーンを利用しつつ展開してきた今次の司法改革の動きは、これに先行する日本弁護士連合会（日弁連）を中心とする司法改革要求との間に一定の矛盾、対立、葛藤を抱えつつもこれを併呑し、一体となって政治的プログラム化へと進んだ。一九九九年六月政府内に設置された司法制度改革審議会は、翌年一一月の中間報告を経て、二〇〇一年六月最終意見書を作成し、改革の理念・目的と大綱とを提示した。

この最終意見書を受け、政府内には司法制度改革推進本部及びその下に一一検討会（労働、行政訴訟、司法アクセス、ADR、仲裁、裁判員・刑事、公的弁護制度、国際化、法曹養成、知的財産訴訟、法曹制度）が設けられ、司法推進計画（二〇〇二年三月閣議決定）の樹てたスケジュールに沿って最終意見書の細目的具体化の作業が進められており、検討作業の終わったものから順次法案化され、国会に提出されている。

二　本稿脱稿（二〇〇三年九月中旬）の時点における法案成立の状況を一覧すれば、次の通りである。

①　司法書士に簡裁における訴訟代理権を付与する司法書士法改正。弁理士に特許権等の侵害訴訟における代理権を付与する弁理士法改正。

②　法科大学院設置に関連する法律（法科大学院の教育と司法試験等との連携等に関する法律、司法試験法及び裁判所法一部改正、学校教育法一部改正、法科大学院への裁判官及び検察官その他の一般職の国家公務員の派遣に関する法律）。

③　司法制度改革のための裁判所法等の一部を改正する法律（簡裁事物管轄を一四〇万円に引き上げるための裁判所法一部改正、提訴手数料引き下げ等に関する民事訴訟等の費用等に関する法律一部改正、非常勤裁判官制度導入に伴う民事調停法・家事調停法一部改正）。

④　弁護士資格の特例の拡大、公務就任・営業従事の制限の緩和、綱紀・懲戒手続の透明化等

に関する弁護士法一部改正。

⑤　外国法事務弁護士による弁護士雇用の解禁及び共同事業等の自由化のための外国法事務弁護士特別措置法一部改正。

⑥　仲裁法。

⑦　裁判の迅速化のため第一審手続を二年内に終結させることを目標として掲げ、その実現に向け国、日弁連、裁判所、当事者等の責務を定める裁判迅速化法。

⑧　計画審理等の導入による審理迅速化をはかる民事訴訟法一部改正。

⑨　人事訴訟事件を家裁に移管する人事訴訟法一部改正。

⑩　右の成立済みのものの外、二〇〇四年の通常国会に法案を提出すべく各検討会において目下審議中のもののうち、主なものとして、裁判員制度、公的弁護制度、刑事裁判迅速化、弁護士報酬敗訴者負担制度、労働調停制度、行政訴訟法改正、ＡＤＲ整備等がある。(追1)〔本稿を二〇〇三年九月一三日に脱稿して以降生じている司法改革関連立法作業の推移については、二〇〇四年三月の校正段階で追注として（追1）―（追14）を附加して、最小限度補うこととする。〕

⑪　なお、下級裁判所裁判官指名諮問委員会を創設する最高裁判所規則が二〇〇三年二月制定され、現在は委員会運営のあり方について審議中である。(追2)

2　新自由主義改革の実体

一　このように司法改革は着々と実現に移されつつあるが、この動きに先行ないし併行してわが国の統治構造及び経済・社会構造を抜本的に変換、改造しようとする動きが統治層によって推進されてきた。この動きは、G5における円高合意（いわゆるプラーザ合意、一九八五年）を契機とする日本大資本の多国籍企業化・グローバル化に伴い台頭した、財界を中心とする新自由主義的改革構想を軸として展開され、改革を担う政治体制の造出を目指す政治改革（これは小選挙区制による保守二党競争・協力体制の樹立と国会空洞化とを目指すものであった）、大企業の国際的競争力強化を目指す規制緩和・市場原理の無差別的適用、大企業の税負担軽減を目指す税制・財政・社会保障改革、労働力の解雇・移動を円滑化する雇用改革、そしてこれらの新自由主義的改革を実現しこれに適合的な行政を担うべき新しい行政システムへの転換を目指す行政改革などが、次々に実施に移されてきた(1)。

これら諸改革は、一口にいって新自由主義的改革と規定し得るものであり、経済のグローバル化に対応すべく国際競争力の回復・強化を狙う経済的・社会的規制の撤廃・緩和、市場原理の無差別的導入と、この改革を可能にし保障する政治権力構造及び行政システムの構築とを目指すものであるが、司法改革もまたこのような統治構造の新自由主義的改革の一環をなすものなのである。このことについては後に項を改めて述べることとし、ここでは九〇年代以降飛躍的に進行した軍事・治安体制拡大強化の動きや大学・教育改革の動きもまた新自由主義的改革の動きと内的に深く連関していることに注目しておきたい[②]。

そもそも新自由主義とは、多国籍企業化した巨大資本が、その資本蓄積運動の自由な展開にとって桎梏となった福祉国家的規制を解体し、国家装置そのものを直接的にコントロール下に置こうとするのみならず、経済的弱小国をも直接・間接にコントロール下に置こうとするものであって、軍事力の積極的発動への強烈な志向に貫かれている。一九九〇年代に入り日米軍事同盟体制の強化と海外派兵＝日米共同作戦の展開とに向け、ＰＫＯ法、日米新ガイドライン、周辺事態法、自衛隊法改正、テロ特措法、武力攻撃事態法、イラク特措法などが相次いで立法されたのは、この志向の端的な表われなのである。

二　このような新自由主義的改革の本質ないし方向性を国民の視点に立って端的に表現すれば、国家・社会の露骨な「弱肉強食」装置化であり、政治的・社会的強者による政治的・社会的弱者の支配・収奪の徹底化であり、その支配・収奪に対しレジストないし逸脱的行動をとる者(層)の異端化、排除、抑圧である。そして、このような新自由主義的改革のもたらす社会的帰結は、基本的人権の侵害・抑圧の深刻化、社会の階層的分化・分裂の進行、社会の荒廃である。

これに伴い、種々のレベルで人間関係、社会関係は分裂、破綻の危機に瀕し、従来型の犯罪や少年非行の多発のみならず、児童虐待、家庭内暴力、ストーカーなど人間関係・社会関係の分裂、破綻、荒廃に直接に起因すると思われる逸脱行為が蔓延し、これに対する一般市民の恐怖心、警戒心や、非行・犯罪者への憎悪、報復感情、処罰感情の強化現象が生じるとともに、麻薬、覚せい剤関連の組織犯罪の浸透・拡大が生じている。

このような社会状況の中で、統治層は、この状況を生み出し拡大している根本的な政治的、社会的要因に対し対策、対応、改善のメスを入れることなく、逆に拡大、深刻化を放置する一方で、一般市民の安全要求や恐怖心を煽り利用しつつ、警察組織を拡大・強化し（例えば生活安全警察の創設・強化）、市民の安全要求に直接応える形で「市民的」治安立法や（例えば各地での生活安全条例の制定）、組織犯罪対策のための立法（例えば組織犯罪処罰法など）を次々に行い、さらには捜査権限の立法的拡大（例えば盗聴権限やコントロールド・デリバリー）、情報収集権限の事実上の拡大（例えば防犯監視カメラ、Ｎシステム、住基ネット）などにより国民監視、国民統制のシステム作りを行っている。(3)

三　右のような本質・方向性と帰結とを持つ新自由主義的改革及びこれを推進する統治層は、その本質・方向性・帰結を正当化し国民にそれらを受容・受忍させるイデオロギーとして、「市場原理」「規制緩和」「自己決定」「自己責任」「統治主体意識」などのイデオロギーを流布している。すなわち、「市場原理」や「規制緩和」のイデオロギーによって「弱肉強食」に至る強者優位のメカニズムを、恰も「市場原理」に基づく自由競争の法則的帰結であるかのごとく描き出し、「自己決定」「自己責任」のイデオロギーによって「弱者淘汰」の結果の受容を弱者に強いるとともに、このような「弱肉強食」「弱者淘汰」のメカニズムを権力的に作り上げる統治層への国民の帰順、同化の意識の調達に向け、国民に「統治主体意識」なるイデオロギーを流布し注入しようとしているのである。

このようにみてくると、「市場原理」「規制緩和」「自己決定」「自己責任」、そして「統治主体意識」なるものは、一見すると自由や民主主義のイデオロギーとしての本質や役割を持つかの如くみえるが、その実体は全く逆であることが浮き出てくるように思う。(4)

3 「最後のかなめ」としての司法改革

一　司法改革が右にみたような新自由主義的改革の「一環」であり「その最後のかなめ」たる位置を持つことについては既に触れたところであるが、それがいかなる意味において「一環」であり「最後のかなめ」として位置付けられるのかについて、司法制度改革審議会の最終意見書を手掛かりとしながらもう少し立ち入って述べておくこととしたい。

① 最終意見書は、その冒頭において司法改革の「基本理念と方向」について次のように述べている。

個人の尊重、国民主権の真の意味の実現のため、法の精神、「法の支配」を国家・社会へ浸透させるよう司法制度を改革することが根本課題である。

② 政治改革、行政改革、規制緩和等の諸改革は、過度の事前規制・調整型社会から事後監視・救済型社会への転換と、肥大化した行政システムの改革及び政治部門（国会・内閣）の統治能力の質的向上（戦略性、総合性、機動性）の向上を図るものだが、これは国民の統治客体意識から「統治主体意識」への転換を前提とするとともにその転換を促そうとするものである。

③ 司法改革は、これら諸改革を「法の支配」の下に有機的に結び合わせようとするものであり、諸改革の「最後のかなめ」として位置付けられるべきものである。

④ 「法の支配」の理念に立つ司法部門は、政治部門と並ぶ「公共性の空間」を支える柱として、法の維持形成＝公共的価値の実現を図るべきであるものであるが、諸改革による政治（行政）部門の活性化に応じその規模・機能を拡大・強化しなければならない。

⑤ 法曹は、「国民の社会生活上の医師」として、国民のニーズに即した法的サービスを提供する必要がある。

⑥ 国民は、統治主体・権利主体として法曹とのコミュニケーションの場の形成・維持と、国民のための司法の実現・維持とに努めなければならず、司法部門は、司法権の独立に意を用いつつも、国民への説明責任の要請に応え、国民的基盤を確立しなければならない（国民の司法参加）。

二

最終意見書が提示する右のような「基本理念と方向」と前述のような新自由主義的改革の方向性、本質とを重ね合わせるとき、司法改革の狙いと本質とが次のようなものであることがくっきりと浮かび上がってくる。

第一に、司法を、政治、経済、社会、行政、軍事、治安、文化、教育などのあらゆる分野に市場原理を持ち込み、自己責任の名の下に弱者に被害の受忍を押し付け、弱肉強食、弱者抑圧を強行しようとする新自由主義的改革の保障装置に変えることが、司法改革の狙いだということである。

第二に、この狙いを達成するため、司法の独立と人権保障性とを稀薄化ないし解体し、「法の支配」「公共性の空間を支える柱」「司法のサービス化」などの美辞的表現を交えたイデオロギー的スローガンの下に、司法を、強者支配・弱者抑圧のための三権一体的な権力支配秩序の維持装置へと変質させようとしているということである。これを刑事司法に即して表現すれば、刑事司法の人権保障機能の後退、迅速処罰機能の強化ということである。

第三に、右の変化、変質を達成するため、法曹（とりわけ弁護士層）の独立性、人権擁護性、権力対抗性を稀薄化させようとしているということである。法曹の基本的性格規定として、「社会生活上の医師」論、「法的サービス業」論を展開することにより人権擁護性、権力対抗性の稀薄化を図るとともに、法曹を、〝「公共性の空間」＝権力的支配秩序を支え「自己責任」社会を築くプロフェッション〟と規定することにより、統治層、国家権力層へのストレートな組込み、包摂を試みている。裁判官制度についての改革（下級裁判所裁判官指名諮問委員会新設や裁判官人事評価システム確立による裁判官統制の再編強化）もこの動きの一環である。

第四に、このようにして司法が弱肉強食、弱者淘汰、弱者抑圧のための権力的支配秩序維持装置と化するのに伴って生ずる司法への国民の信頼の低下、ひいては司法の正統性の減退・消失への手当として、司法の「国民的基盤」の擬似的拡大（司法への国民の限定的・擬似的参加の容認）を試みているということである。

第五に、今回の司法改革は、右のような狙いからすればいわばファーストステップであって、その次には、普通裁判所からの違憲審査権の剥奪や制限、特別裁判所の復活（とくに軍法会議）などが、憲法改正の一環として実現の機を窺う運びとなるであろう。

三　右に指摘した司法改革の狙いと本質は、民事司法、刑事司法、法曹養成、法曹人口、弁護士制度、裁判官制度、裁判員制度など、司法改革の各分野における改革プランの内容を規定し貫徹に向っているが、このことの論証作業の一つとして、本稿では裁判員制度及びこれと関連する限度で刑事司法制度についての改革作業について批判的に検討してみたいと考える。(5)

4　本稿の問題意識

一　検討作業を始めるに当たり、行論の便宜上、私の問題意識を予め記せば次の通りである。

(1)　そもそも裁判員制度を刑事司法への国民参加制度として構成する場合には、民主、独立、公正の司法原理、すなわち国民主権、司法権（裁判）の独立、公正な裁判を受ける権利という憲法的な三原理に立脚し、その要請を十分に充たすものでなければならない。そして重要なのは、これらの憲法的司法原理は、それぞれ異質なばらばらなものではなく、人権保障という司法の基本的使命によって関連付けられなければならず、その結果として被告人の公正な裁判を受ける権利の保障・実現に向け収斂・統合されるべきだということである。

このような観点に立つ場合、裁判員制度が国民主権の原理を踏まえて構成されているとはいい難いのではないか。なぜなら、この制度が理念・目的として掲げる「統治主体意識」なるものは、一見国民主権原理に由来するものでありその一表現であるかの如くみえるが、しかし国民を統治層へと包摂、統合し組み込む「統治のイデオロギー」たる本質と役割とを与えられており、むしろ国民主権原理とは異質で対立、矛盾する疑いがあるからである。またその構成に当たり司法権（裁判）の独立及び公正な裁判を受ける権利の保障についての十分な配慮、手当が欠如しているのみならず、裁判員制度導入に乗じこれと抱き合せる形でその縮減、制限さえ試みているようにみえるからである。もしそうだとすれば、これらの点は裁判員制度の致命的な欠陥ではないのか。

(2)　ではこの欠陥は何に由来するのかといえば、新自由主義的な司法改革構想、即ち司法の「公共性空間の柱」的性格の強化、権力的支配秩序維持装置的な役割への重点移動と、その空間の担い手（即ち統治機構及び統治層）への国民の包摂、統合、組込みという改革構想・理念に由来するのではないか。もしそうだとすれば、この欠陥はいわば構造的なものであって、部分的修正によっては是正、改善することが殆ど不可能ないし極めて困難なものではないのか。

(3)　そしてこの欠陥は、裁判員制度導入と同時的に進められている一連の他の刑事司法改革構想、とりわけ裁判の迅速・簡略化のための防御・弁護活動の制限や訴訟指揮権の強権化の構想と連動、連結し、相互に促迫し合う関係に立ち、司法権（裁判）の独立及び公正な裁判を受ける権利の弱化状況を深刻化し、司法の人権保障性への国民の信頼を低下させていく危険を持つのではないか。

(4)　裁判員制度には右のような欠陥や危険があると思われるにも拘わらず、この点を真正面から取り上げて検討し批判する動きが弱いようにみえるが、一体なぜか。それは、新自由主義的改革一般の持つ疑似自由主義性（実は反人権性）、疑似民主主義性（実は非民主性）、疑似国際性（実は軍事性）のイデオロギー的陥穽にはまり、司法改革の理念とされる「法の支配」「公共性の空間を支える柱」「統治主体意識」、さらには裁判員制度導入の目的とされる「（司法への国民の）主体的関与」「健全な社会常識の反映」などのイデオロギー的実体についての分析や、司法の反人権的状況の実態分析を怠る傾向が、法曹界や報道界には勿論のこと、学界にすら瀰漫《びまん》しているからではないか。そしてこの傾向の根底に、自らを意識的に「強者」として自己認識することにより統治層に積極的に同化しようとする潜在意識が潜んでいるのではないか。

(5)　このようなイデオロギー状況は、裁判員制度の欠陥を拡大するが、それだけでなくその欠陥への国民の批判的意識の伸長を妨げ、欠陥是正への取組みを阻害し、逆に制度的な欠陥の運用・実践面での肥大化をもたらすのではないか。しかも、裁判員制度が内蔵する裁判批判・裁判報道の規制装置は、前述の如きイデオロギー状況を権力的に維持、拡大し、裁判員制度及びその下における公正裁判要求の動きを閉塞状態に陥れるのではないか。

二　裁判員制度設計についての私の問題意識は右の通りであり、以下ではこれに沿う形で検討を行っていくこととするが、その検討の方法が、問題意識に規定され、司法制度改革審議会の最終意見書及び裁判員制度等検討会の叩き台に盛り込まれている制度設計の具体的綱目の主要部分に、前述の如き司法改革の基本的な狙い、本質、そのイデオロギーがどのように（ある場合にはストレートに、ある場合には屈折した形で）反映、貫徹しているか、それがどのような問題状況を生み出すかを概括的に批判するものとなることについて、予め断わっておきたい。また、参考文献や資料等の注記は紙数の関係上、できるだけ少く押えることとする。

二　司法の民主・独立の憲法原理と裁判員制度

1　裁判員制度の基本的発想と「統治」のイデオロギー

一　最終意見書によれば、裁判員制度は陪審や参審という既存の制度とは異なる、わが国独自の制度であり、「新たな時代、社会の状況の中で、国民の信頼を得ながら、その使命（適正手続の保障の下、事案の真相を明らかにし、適正かつ迅速な刑罰権の実現を図ること）を一層適切に果たしうるような制度の改革」の最優先課題として、「裁判内容に国民の健全な社会常識を一層反映させるため、一定の重大事件につき、一般の国民が裁判官と共に裁判内容の決定に参加する制度」「広く一般の国民が、裁判官と共に、責任を分担しつつ協同し、裁判内容の決定に主体的、実質的に関与することができる新たな制度」として構想されたものであり、①裁判の充実迅速化を図るための争点整理目的の新準備手続の創設及び証拠開示のルール化、②裁判の迅速化、③公的弁護制度の確立、④取調状況の書面記録の義務化などの刑事司法改革と連関、連動するものとしての位置を与えられている。

二　このように裁判員制度は、直接的には国民の「健全な社会常識」を刑事裁判に反映させるため国民が裁判官と「責任を分担し、協同」するシステムとして構想されているが、この構想を生み出し展開せしめている基本的発想と究極的狙いは何かといえば、「公共性の空間を支える柱」「統治構造の一翼」として「法の支配」＝権力的支配秩序の維持の役割を担う司法への、「自律性と責任感」を持った国民の「協働」、協力の調達であり、このことを通じての「統治客体意識からの脱却」、「統治主体意識」の育成であり、統治層への包摂、統合、取込みである。

このような基本発想、とりわけ「統治主体意識」というタームを用いて展開される基本発想は、一見、国民主権原理に立脚する民主主義的発想の如くみえる。しかし、この発想は、一般国民と国家権力を掌握している統治層との間に存する矛盾、対抗、対立、葛藤を無視、捨象し、両者の同一性を当然に自明なこととして前提し、国民の国家ないし統治層への奉仕、恭順、服従の義務・責務を導出する、危険な「国家総動員」的な実体、論理を持つ。それは、国民主権原理及びこれに立脚し国家ないし統治層に対し批判、抵抗する権利を国民に認め、これを尊重する民主主義思想とは似て非なるものがあるのである。

即ち、国民主権論及びこれに立脚する民主主義思想によれば、主権者たる国民は、国政を批判し、これに参加する権利を持つのみならず、人間として人権を尊重され、思想・良心の自由や人身の自由をはじめとする自由権、人間として平等な扱いを受ける権利（平等権）、労働し健康で文化的な生活を営む権利（労働権、生存権）、そしてさらには平和のうちに生存する権利を保障されなければならず、その実現に向け国家ないし統治層に対し連帯して批判し、要求し、行動する権利を持たなければならない。ところが「統治主体意識」論は、国民主権論が持つべき人権論との内的連繫、連関を意図的に稀薄化して切断し、人権保障強化の課題を放置したまま（否、むしろ逆に人権侵害抑圧のメカニズムを強化しつつ）、国民に「統治主体意識」の植え付け、育成を図る。そしてこの目的に適合する限りでの限定的な疑似的国民参加の制度を用意する。しかし、その「統治主体意識」なるものは、実は国民主権論が立脚すべき人権論抜きの、否、正確にいえば人権論に背反し人権抑圧的、人権侵害的な「統治」のイデオロギーへの同化を意味しているのである。

現に最終意見書は、裁判員制度を提唱しその見取図的な大枠を設計するに当たり、国民の「統治主体意識」育成の名の下に「処罰主体意識」育成の論理を展開するのみであり、被告人の人権（公正な裁判を受ける権利）の保障を強化する視点や論理は殆ど欠落したままである。いやしくも裁判員制度が刑事司法の現状、弊害を改善しようとするものであるなら、被疑者・被告人に対し制度的、手続構造的、日常的に加えられている人権侵害、及びその結果として発生している冤罪・誤判の悲劇的実態についての認識、批判、究明の作業に立脚し構成されなければならない筈である。このエッセンシャルな視点とこれに基づく基礎的作業の欠落という驚くべき事実こそ、裁判員制度の基本発想の本質とその歪みとを端的に表わしている。

この点を確認した上で、以下においてこの制度の持つ本質が制度の基本構造や手続にどのように反映、貫徹されつつあるかを解析することとしよう。

2　裁判員制度の基本構造・基本理念の疑似民主性と非独立性

一　(1)　最終意見書は、裁判員制度の「基本構造」として、概ね次のように述べている。

①　裁判官と裁判員との共同評議による有罪・無罪の決定と量刑。

②　評議における権限の対等性及び審理過程における裁判員への証人質問権付与。

③　裁判官及び裁判員の数と評決方法とについては、事件の重大性の程度と国民にとっての意義・負担等とを考慮して適切なものとする。但し、少なくとも裁判官または裁判員のみによる多数で被告人に不利益な決定をできないとすべきである。

(2)　右のような最終意見書の「基本構造」の構想を踏まえ、裁判員制度・刑事検討会（以下、検討会という）は、第一三回会議（二〇〇三年三月一一日）以降、それ迄の審議を踏まえ事務局が作成した叩き台「裁判員制度について」（以下、叩き台という）に基づいて審議を続けているが、この叩き台のうちの「基本構造」関係の主要な点を摘記すれば次の通りである。

①　裁判官と裁判員の人数――二案あり。

A案――裁判官三人、裁判員二～三人

B案――裁判官一～二人、裁判員九～一一人

②　裁判員の権限

（ア）有罪・無罪の決定及び刑の量定に関し、審理と裁判

（イ）証人尋問権と被告人質問権

（ウ）裁判官の裁量に基づき（「適当と認めるとき」）、専ら訴訟手続に関する判断又は法令の解釈に関する審理への立会及び意見申述

（エ）裁判員は「独立してその職権を行い、憲法及び法律にのみ拘束される」

③　評決

（ア）基本的には裁判官・裁判員の合議体の過半数で決するが、これに附加する条件につきＡＢＣの三案あり。[(6)][(追3)]

（イ）訴訟手続に関する判断及び法令の解釈については、裁判官の過半数による。

二　最終意見書及び叩き台が提示する右の如き「基本構造」について、検討会は二〇〇三年三月一一日第一三回会議及び同月二五日第一四回会議においてさらに審議しているが、議事録に表われている限りでは、多様な意見が出され、意見の対立がみられはするものの、「基本理念と方向」そのものや「基本構造」の根幹についての突っ込んだ検討や対立はみられない。

意見の対立がみられるのは、裁判官・裁判員の人数についてである。多数を占めるＡ案説と少数のＢ案説との対立的構図の中で、裁判官三ないし二、裁判員五ないし六とすべしとする中間説が複数の委員から出されている。これらの説につき、裁判員制度を参審に近いもの（Ａ案説）、

陪審に近いもの（B案説）、その中間型の陪審的参審に近いもの（中間説）とするイメージでその対立構図を考える見方が一般にあり、最大の争点の観を呈している。

このような対立構図の中で、検討会が今後どのような説にまとめ上げられていくか軽々には予断を許さない。というのは、自由民主党司法制度調査会内で中間説的な考え方が急浮上し有力化しつつあるとされることや、有力マスコミがこれを支持しプッシュする動きを見せていることなど、検討会外に活潑な動きがあり、これが検討会にどう影響していくか予断を許さないからである。(追4)

三　右のような審議状況をも踏まえて、最終報告書及び叩き台の示す裁判員制度の「基本理念・目的」と「基本構造」について検討することとしたい。

(1)　この制度が基本理念・目的として掲げる「健全な社会常識の反映」について。

①　まず初めに問題とすべきは、この理念・目的は、職業裁判官のみによる裁判には基本的には欠陥や弊害がなく、健全な社会常識の反映の点を補えばより完全なものになる、という現状認識ないし見方を前提にして組み立てられている点である。しかし、この認識ないし見方は、刑事司法の現実に目を蔽う謬見である。

予断や偏見なしに現実を直視するならば、捜査機関による長期拘束と強圧的取調とを中核とする人権侵害的な糾問的捜査に基づいて作成された捜査記録（調書など）に無批判的に依存し、被告人側の防御活動を極力押えようとする公判が行われ、人権侵害及び冤罪の弊害が生じているのが構造的実態である。そうだとすればこの構造的実態の抜本的除去・克服こそ、刑事司法改革の課題であり目標でなければならない。そして、捜査手続の抜本的改革、とりわけ捜査権限の限定及び防御権の拡大こそ、第一義的課題でなければならない。

ところが最終意見書では、代用監獄の廃止、起訴前保釈制度の改革、接見交通の自由化、令状審査の改革など、第一義的課題についての具体的検討を将来的課題として棚上げにし、僅かに取調過程・状況の書面記録の作成義務化のみを打ち出し、弁護人立会は勿論のこと、取調状況の録音・録画すら当面拒否する方針を示した（この方針を受けて法務省は二〇〇三年七月三〇日、取調過程・状況の記録制度に関する構想を発表し、年内実施の方向を打ち出している）。捜査手続改革の課題は、このように殆ど無視、棚上げの状態にさらされているのである。

このようにして裁判員制度は、捜査手続の改革という第一義的改革の無視、放置の上に、即ち人権侵害的な糾問的捜査温存の上に立って、いわば汚染基盤の上に構築されようとしているのである。このことは、裁判員制度の賛否に関わりなく現状認識として否定することは不可能であろう。

しかし、問題はその先にもある。もしそうだとしても、裁判員制度導入は、裁判員の健全な常識により裁判官の捜査依存意識を変革し糾問的捜査批判へと赴かせるという効果を自ずと持つのではないか、という問題である。この問題は、裁判員制度の評価に関わる重要な論点の一つであるが、この制度についての具体的検討を経た上で扱われるべき問題なので後述することとする。

② 次に問題とすべきは、「健全な」社会常識の反映を基本目的としている点である。もともと社会常識とは多様性とともにかなりの程度の普遍性を持つものであり、その意味では一種の健全性を持っている。にも拘わらず裁判員制度導入の基本目的としてわざわざ「健全な」という字句を挿入しているのはなぜか。それは、統治層（その司法代理人としての裁判官）にとって好ましい（健全な）社会常識と好ましくない（不健全な）社会常識とを選別しようとする志向に基づくものである。そしてこのことは、裁判員の選出方式を選挙人名簿からのくじによる無作為抽出としていることと関連している。即ち、無作為抽出方式採用に伴う多様な社会常識の流入への対処の必要性である。そしてこの対処を、「健全さ」を基準とする裁判官による選別に委ねようとしているのである。

そして叩き台が、多人数の裁判員の多様な意見（社会常識）を独立空間における討議によって集約（一種の健全さへの収斂）するという民主的思考を辿らず、少数の裁判員と裁判官とのコンパクトな協議、「協働」により集約するという思考をとるのも、裁判官による「健全な」社会常識の選別的利用、その限りでの反映という発想に基づくのである。

(2)　裁判官・裁判員の人数について。

既に述べたように人数の点については、検討会内で意見が三分され、検討会外部でも意見が大きく分かれ、今後の推移につき予断を許さない状況にあり、最大の争点の観を呈している。(追4)

しかし、私は、真の争点は裁判員制度の持つ本質、構造、手続の点にあり、人数の問題は擬似的争点に過ぎないと考える。とくに、A案か中間案かといった争いは、裁判員制度の持つ真の問題、真の争点を蔽い隠してしまう役割を果たすのであり、その意味では有害ですらあるように思う。この点の論証は以下の行論が自ずと行うところなので、ここではこれ以上は触れないこととする。

(3)　裁判員の権限について。

裁判員は、有罪・無罪の決定、量刑、証人尋問権、被告人質問権を持ち、評議においても裁判官と同等・対等の表決権を持つとされているので、裁判官と対等だというイメージが強い。そして、このイメージは、裁判官との「責任の分担」「協働」「主体的、実質的関与」など、最終意見書が駆使する説明概念によって、正当化されている。しかし、裁判員の権限は、その実体を透視するならば、裁判官のそれに比べ、制度面でも実際面でも制限された限定的なものであることを見逃してはならない。

まず制度面でいえば、裁判員は準備手続に関与する権限を持たない。従って争点整理、証拠開示裁定、証拠決定、証拠能力判断、審理計画策定から排除される（第一九回検討会会議〔二〇〇三年五月三〇日〕提出の事務局文書「刑事裁判の充足・迅速化について（その一）」）（以下、叩き台（一）という）。また訴訟手続や法令解釈についても、裁判官の裁量により審理立会、意見申述が許されることはあるが、その決定に関与することはできない。判決書の作成から排除される。また控訴審からも排除される方向にある（後述）。

郵 便 は が き

料金受取人払郵便

神田局承認

3865

差出有効期間
平成 21 年 7 月
31 日まで

101−8791

507

東京都千代田区西神田
2-7-6 川合ビル
(株) 花 伝 社 行

お名前《ふりがな》

お電話

ご住所（〒 ）
（送り先）

◎新しい読者をご紹介ください。

お名前

お電話

ご住所（〒 ）

愛読者カード

このたびは小社の本をお買い上げ頂き、ありがとうございます。今後の企画の参考とさせて頂きますのでお手数ですが、ご記入の上お送り下さい。

書 名

本書についてのご感想をお聞かせ下さい。また、今後の出版物についてのご意見などを、お寄せ下さい。

◎購読注文書◎

ご注文日　　年　　月　　日

書　　名	冊　数

代金は本の発送の際、振替用紙を同封いたしますので、それでお支払い下さい。（３冊以上送料無料）

なおご注文は　FAX　03-3239-8272　または
メール kadensha@muf.biglobe.ne.jp　でも受け付けております。

このような権限上の限定は、法律専門家と素人との相違に基づくもので一見妥当なもののようにみえる。しかし、この相違は、両者間に情報上の大きな格差を生み、裁判官の判断の圧倒的優位性と裁判員の判断の劣位性、部分性、限定性とを構造的に生み出す。なぜなら、公判開始に先立って、裁判官は、準備手続の主宰者として、事件の全体像と争点とを把握し、自ら整理した争点に沿って証拠を開示させたり証拠決定を行い、事件及び審理についての見通しを立てるなど、十二分に事前知識を抱いて公判審理にのぞむ。これに対し裁判員は、公判直前に選定され、全く無準備のまま審理に当たらなければならない。また裁判官は、証拠の証拠能力、例えば自白の任意性や物的証拠の収集過程の違法性の有無などについて、事前の準備手続や公判手続において専権的に判断するが、その過程で、証拠能力のない証拠の内容に触れ、事実上心証（予断）を抱くことを避け難く、このことからも情報格差が事実上生ずる。さらに、裁判官が憲法解釈を含め法令解釈権を独占し、裁判員はこれに服従しなければならないが、人権論的思考が多くの場合憲法を手掛かりとして展開され事実認定に影響していくことを考えるとき、裁判員が独自の人権論的思考に立脚して事実認定を行うことは極めて困難ないし不可能となるであろう[追5]。

このようにみてくると、裁判官と裁判員との間には権限格差に由来する構造的情報格差が作出され、その格差の上に立って、裁判員は裁判官の決定した枠組み（争点、証拠、審理計画）の中でのみ限定的に判断することができるに過ぎない立場に置かれるのである。そしてこのことは、もともと裁判官と裁判員との間に存在する裁判経験、法律知識、説明的論理力などについての格差と相俟って両者間の対等性の建前を崩しフィクション化する。しかも、このような格差は、裁判員の人数の如何に関わりなく存在するのである。

右に述べた構造的情報格差の問題に加え、私は次の問題についても着目すべきだと考える。それは、裁判員は、欠格事由、就職禁止事由、辞退事由、忌避事由の存否に関連するプライバシー関係資料、及び選任・解任の判断権を裁判官に握られた、弱い立場に立つということである（後述）。

また、これ迄述べてきたことと文脈が少し異なるが、裁判員が量刑の権限を持つことについての懸念についても述べておきたい。このことについて、一般に市民間に厳罰感情が拡がっており、これが裁判員を通じて量刑の峻厳化を生むのではないかとの懸念がかなり抱かれている。私もこの種の懸念を共有するが、ここで特に指摘しておきたいのは、裁判員関与裁判においては後述のように裁判員負担の軽減のためと称して裁判の迅速化や簡略化が推進されることになるが、その結果として情状立証の制限強化や画一化がこれ迄以上に裁判官を中心に進行し、裁判員の量刑判断が結果の重大性重視へとシフトし重罰化傾向が生じる危険があることである。

このようにみてくると裁判員を裁判官と対等な協働者とみることはできない。裁判員は、裁判官との非対等性を構造的に持つのであり、その対等性は、せいぜい外見上の装飾に過ぎないとの誹りを免れない。このことを確認した上で、「協働」との関連で裁判員の独立の問題について考えてみたいと思う。

(4)　裁判員の独立について。

周知のように憲法は裁判官に対し職権上及び身分上の独立を保障している。この独立保障の趣旨が、裁判官ではない裁判員についても、基本的に適用・貫徹されなければならないことは当然である。そもそも裁判というものは、法に則り、手続を進め、事実を認定し、法を解釈・適用して裁決するという営みであるが、その何れの点についても、「その良心に従い独立して」憲法及び法律に基づき職権を行使することによってのみ任務を全うすることが初めて可能なのである。換言すれば、独立こそ、裁判が立法や行政とは異なる独自の国家的作用として正当性を持つためのエッセンシャルなファクターであり、独立なくして司法、裁判は独自の正当性を持たない。そうだとすれば、独立の保障は、裁判官のみならず裁判員に対しても及ばなければならないことになるのは当然である。

この観点から叩き台をみるとき、いくつかの問題点に気付かざるを得ない。

① 叩き台は、裁判員の職権行使につき「独立してその職権を行い、憲法及び法律にのみ拘束される」としている。この保障が法律上のものに過ぎない点はさておくとしても、憲法上の裁判官独立保障規定と対比するとき、「その良心に従ひ」（憲法七六条三項）という文言が欠落していることに気付く。

周知のように、ここでいう「良心」なるものが客観的なものか、主観的なものか、「独立して」という文言とどういう関係に立つか、「憲法及び法律への被拘束性」とどういう関係に立つかなどについて、憲法解釈のレベルでは見解は分かれている。とはいえ、この「良心」条項の持つ実質的意味が、職権の独立的行使が裁判者の人格的な存在価値を賭ける「良心」抜きには実現不可能であることの明示化であり、「良心の独立」こそ裁判者の職権上の独立のエッセンスであるという事理の明文化であることについては異論がないであろう。そうだとすれば、「良心」抜きの職権上の独立保障には本質的欠落があるというべきであり、その意味で裁判員は「半独立」的存在とされていることになるのである。(追6)

② 次に問題とすべきは、裁判員の地位の不安定性である。裁判員は、就任前には選任に当たってての欠格、就職禁止、除斥、辞退、忌避等の制度、及び虚偽回答禁止等を通じて、また就任中には職務誠実遂行義務、品位保持義務、信頼保持義務、秘密不漏示義務を通じて、さらに任務終了後にも秘密不漏示義務を通じて、絶えず裁判官によるプライバシー捕捉、行動監視、監督の下に置かれ、場合によっては就任中であっても「引き続きその職務を行わせることが適当でない」として解任されるという不安定な立場に置かれる（解任決定権者が審判不関与の別裁判官とされていることは、この不安定性を解消し得るものではない）。

右の①②に加え、前述のような裁判官・裁判員の間の構造的情報格差と非対等性も裁判員の独立的判断を困難にする作用を持つことを考えるとき、裁判員に、制度上、独立性を期待することは困難といわなければならない。

3　裁判員就任の強制と選別・排除

一　(1)「裁判員の選任方法、裁判員の義務等」について、最終意見書は、選挙人名簿からの無作為抽出者からなる母体から事件毎に選任する方式を提唱し、また召喚された裁判員候補者に出頭義務を課することにより裁判員就任を強制する制度を打ち出した。

(2)　これを受け、叩き台は、概要次の如き案を示している。

①　裁判員の要件——三案あり。

A案——衆議院議員選挙権者

B案——右の内、二五歳以上の者

C案——右の内、三〇歳以上の者

②　欠格事由、就職禁止事由、辞退事由、忌避事由

(ア)　欠格事由——中学不卒業者、禁固刑以上の受刑経験者。なお、心身故障者については、欠格者とするA案と、規定を設けないB案とがある。

(イ)　就職禁止事由（省略）

(ウ)　除斥事由（省略）

(エ)　辞退事由——七〇歳以上、会期中の地方議会議員、学生・生徒、裁判員被選任経験者、

検察審査員被選任経験者、「疾病その他やむを得ない事由により、裁判員として職務を行うことが困難であると裁判官が認めた者」など

（オ）忌避理由――不公平な裁判をするおそれ。理由なしの忌避も、○名を限度として認められる。

③　くじに基づく裁判員候補者名簿の一年毎の作成、公判期日決定時のくじに基づく候補者の選定、召喚、質問票の事前送付、回答の質問手続当日閲覧許可（但し裁判官の裁量による）、非公開の質問手続（裁判官・検察官・弁護人出席。被告人出席は裁判官の裁量による）、質問に基づく欠格事由等の決定及び裁判員の無作為抽出。

④　裁判員等の義務

（ア）裁判員候補者の質問手続期日召喚への出頭義務（↓過料）

（イ）裁判員候補者の真実回答義務（虚偽の回答をしてはならず、かつ正当な理由なく回答を拒んではならない）（↓過料、罰金）

（ウ）裁判員の公判期日出頭・宣誓（↓過料）、職務誠実遂行・品位保持、裁判の公正さへの信頼不損、評議での意見申述、職務上秘密不漏洩（↓懲役・罰金）の義務

⑤　裁判員の解任

（ア）前記④（イ）（ウ）の義務に違反し「引き続きその職務を行わせることが適当でないと認めるとき」と、無資格の場合

（イ）　辞退申立につき事由該当の場合

二　右の如き最終意見書及び叩き台につき、検討会は第一四回（二〇〇三年三月二五日）及び第一五回（同年四月八日）の会議において審議しているが、議事録に現れている限りでは裁判員の要件、即ち選出母体に関連し論議が交わされ、年齢制限説（B案又はC案）が優勢にみえることの外は、裁判員就任強制や裁判員の諸義務などの本質的な問題については殆ど議論を交わした形跡がない。(追7)

(1)　裁判員就任の強制について。

先にみたように最終意見書及び叩き台は、無作為抽出の方法により選出された裁判員候補者に対し拒否権ないし辞退権を認めず、不出頭に対しては過料で臨むこととしているが、これは、裁判員制度を、国民に「統治主体意識」を注入し統治層に包摂し組み込もうとする権力的な発想の端的な発現に外ならない。そうであればこそ、検討会も叩き台作成前の第六回会議（二〇〇一年九月一八日）において若干の意見交換をしたのみで、これを当然の前提的枠組みとして扱い、本質的な疑問をさしはさむ動きはみられなかったのである。

しかし、国民に裁判員となることを義務付け強制することが憲法上果たして可能なのであろうか。私は深い疑問を覚える。

そもそも国民は、憲法上主権者とされ、公務員の選定・罷免権、国会議員選挙権、地方公共団体の議員及び長の選挙権を持つとともに、自らも公務員、議員等となって国政や地方自治の一翼を担う権利を持つ。しかし、その行使についてはあく迄個人の任意の判断に委ねられており、義務として強制されてはいない。それどころか逆に憲法は、国民に対しその意に反する苦役を禁じ、職業選択の自由を認め、思想・良心の自由を保障するなどして、国民の国政参加等の強制に対しむしろ消極的な態度をとっている。これは、自由で任意な国政参加であってこそ、初めて民主主義、基本的人権、平和主義という憲法的価値の実現に資することが可能となるという考え方に基づいているのである。

この理は、司法についても同様である。否、この理は、良心の営みであるべき司法においてこそより強く妥当する。だからこそ、憲法は裁判員就任強制容認の手掛かりとなり得る規定を一切置いていない。それどころか全く逆に、苦役の禁止、職業選択の自由、思想・良心の自由、裁判官の良心の自由などに関する憲法の規定は、裁判員就任強制が憲法上許されないことを明らかにしていると考えられるのである。

このような考え方に対し、国民が主権者であることを根拠に、裁判員として裁判に参加することは国民の責務であり義務であるとして反論する向きもある。しかし、これは前述の理に照らすとき、およそ憲法論、法律論の体をなさぬ、誤れる俗論と評すべきものである。そして、裁判というもの、特に刑事裁判というものが人間、社会、国家の根源的なあり方に関する考え方、即ち人間観、社会観、国家観、ひいては世界観に直接、間接に深く関わる営みであることを考えるとき、その営みへの関わりを強制することがいかに愚かな誤りを犯すものであるかが厳しく批判されるべきである。

このように裁判員候補者に拒否権ないし辞退権を認めるべきかは憲法問題として理論上重大な意味を有するが、この問題の持つ具体的、現実的な意味は深刻である。国民の間には自分が裁判員になることについて消極的な空気がかなり強いからである。二〇〇三年七月二八日付『読売新聞』の全国世論調査によれば裁判員制度につき、賛成約五割弱（四九・六％）に対し反対が四割強（四一・二％）であり、しかも「ぜひ参加したい」「参加してもよい」（三四・六％）に対し、「参加したくない」が六一・七％に上り、その理由の七割強が「有罪無罪などを的確に判断する自信がない」というのである。

ここには、裁く者の立場に立つことへの国民の強い良心的な躊《ため》《ら》いと不安とがくっきりと浮かび上がっている。このような良心的な躊いや不安が、単に経験不足や知識不足への自信のなさにのみ由来するとみるのは正しくない。良心的であろうとすればするほど、果たして事実を正確に認定できるか、認定された事実を果たして違法だと自らも確信できるか、非行や犯罪を犯した人を、同じ人間として悩みの多い自分が法と正義の名の下に断罪できるか、とりわけ死刑を含む刑罰を科す自信があるかなど、深刻に悩まざるを得ない筈だからである。

このように、ことは思想や良心に関わる問題であり、その本質は、兵役に関する良心的拒否の自由の問題に通底する根本的重大性を持つ。にも拘らずこのことを軽視ないし無視し、「統治主体意識」なるものを国民に注入しトレーニングする権力的手段として刑事裁判、ひいては被告人を政策的に利用し、裁判員になることを国民に刑罰を以て強制しようとすることは、国民はもとより、それのみならず被告人及び刑事裁判の尊厳をも侮辱するものだと私は考える。(追8)

(2)　裁判員候補者の真実回答義務及び裁判員の職務誠実遂行義務等について。

叩き台は、先に述べたように、質問票または質問手続において「虚偽の回答をしてはならず、かつ、正当な理由なく質問に対する回答を拒んではならない」として真実回答義務を課すとともに、その違反に対し過料や罰金の制裁を科し、選任後も場合によっては解任し得ることを定めている。

この真実回答義務との関係で重要なのは、質問内容の如何によっては裁判員候補者の思想・信条・プライバシー等について不当な侵害がなされる危険があることである。質問手続の趣旨・目的からみて、質問事項は欠格、就職禁止、除斥、辞退、忌避の事由とされている事項に関連するものに限定され、それを逸脱した質問に対しては真実回答義務を負わないとすべきは当然だが、問題は、学力（学識）、受刑経験、心身の故障、疾病のみならず、「不公平な裁判をするおそれ」などについても質問が及び得る仕組みが用意されており、プライバシーや思想・信条に関連する広範囲にわたる指弾が質問の形をとって当事者からなされることが十分に予想され、その質問の正当性ないし妥当性や忌避事由についての判断結果の如何とは関わりなく、質問自体によってプライバシーや思想・信条の自由の侵害現象が、意図するとせざるとに関わりなく、生じることが懸念されることである。そしてその侵害は、黙秘権に及ぶことさえあり得るのである。

また裁判員に課される義務が、広範且つ無限定的であることも問題である。例えば誠実にその職務を行う義務、品位を辱めることのないようにする義務、裁判の公正さに対する信頼を損うおそれのある行為をしてはならない義務が裁判員に課されるが、これらの義務の持つあいまいさ、無限定性、広範囲性は、説明の必要のない程明らかである。しかもこれらの義務は、裁判員が具えるべき徳目や心得に関する訓示的意味を持つに止まらず、その違反に対しては公判中の解任措置が用意されている。これは、裁判官による裁判員の事後的な選別・排除を可能にするものであり、裁判員の自由・独立な判断を妨げる危険が大きい。

しかも、「裁判の公正さに対する信頼を損なうおそれのある行為」の禁止が、裁判員在任中のみならず任務終了・退任の後も適用され、その結果として裁判内容に関する批判は勿論のこと、裁判制度や裁判官・裁判員のあり方に関する批判的言動を、担当事件との関わりの有無に関係なく一切禁じる仕組みとなることにも私は強い疑問を覚える。

さらに裁判員は、在任中のみならず、退任後も無期限に、評議の経過、各裁判官・裁判員の意見とその数、その他職務上知り得た秘密につき漏らすことを禁じられ、この禁止に違反した場合及び合議体構成員以外の者に対し担当事件の事実認定や量刑に関する意見を述べたときには懲役又は罰金に処せられる。これにも甚だ疑問が多い。裁判員又はその職にあった者は、広い範囲で秘密義務を負い、自己の経験や意見を具体的に第三者に語ることを生涯禁じられ、秘密漏洩罪の恐怖に脅える存在と化する。このようにして裁判員制度は、裁判員のみならずその経験者をも秘密の壁の中に追いやり、その意見や経験を個別化、分断化し、その交流を妨げるのである。

なお、裁判員が評議において意見申述の義務を負わせられている点にも、私は思想・表現の自由との絡みで深い疑問を覚えることも記しておきたい。

4　裁判員関与裁判の強制

一　(1)「対象事件」につき、最終意見書は、法定刑の重い事件とすること、被告人の認否による区別を設けないこと、被告人の辞退権を認めないこと、特殊事件（組織的犯罪、テロ事件）は対象事件から除外することを検討する余地があることを述べている。
(2) これを受け、検討会の叩き台は、対象事件につき、次のような三案を示している。
A案――死刑、無期、一年以上の懲役・禁固にあたる法定合議事件（但し、内乱罪関係を除く）（注――年間約四五〇〇件）
B案――死刑又は無期の懲役・禁固にあたる事件（但し内乱罪関係を除く）（注――年間約二五〇〇件）
C案――法定合議事件中、故意の犯罪行為により被害者を死亡させた罪のもの（注――年間約八五〇〜二三〇〇件）

また叩き台は、「除外事件」についても次の二案を示している。

A案——民心、裁判員・その親族の身体もしくは財産に害を加え、またはこれらの者を畏怖させてその生活の平穏を侵害する行為がなされるおそれがあることその他の事情により、公正な判断ができないおそれがあると裁判官（審判非関与の）が認めるときは、裁判員を除外し、裁判官のみで審理する。

B案——除外を設けない。

二　右の如き叩き台の案について、検討会は第一四回会議（二〇〇三年三月二五日）において検討しているが、議事録でみる限りでは、対象事件についてはB案とC案とを折衷し、除外事件は設ける説が有力であるようにみえる。[追9]

このように裁判員制度が対象とするのは法定刑の重い重大事件であることを前提にして論議が展開され、国民の参加実感（国民が関心を持って参加を実感できるのにはどのくらいの事件数であるか）や国民の負担感などの政策的ファクターを主として考慮する形で対象事件に関する論議が行われており、裁判員制度の理念・目的との関連において自覚的に検討する態度は殆どみられない。しかし、例えば裁判員制度が国民の健全な社会常識の反映ということに目的があるというのであれば、単に法定刑の重さや結果の重大性（被害者死亡）を以て対象事件化の判断基準とすることは必ずしも妥当でない。たとえ法定刑の軽い犯罪であっても、いや軽微事件についてこそ、健全な社会常識を反映させることに意味があるともいえるからである。ところが叩き台およびこれに基づく検討会審議は、この種の疑問ないし意見を簡単に切り捨てている。

では何故法定刑の重い重大犯罪とするのか。この点につき、最終意見書は、「新たな参加制度の円滑な導入のため」には「国民の関心が高く、社会的にも影響の大きい」重大事件とすべきで、事件数をも考慮して決めるべし、としている。しかし、この理由付け（円滑な導入）は、事件数を絞るという政策的な点を除けば説得力がない。それだけでなく、公正な裁判を受ける権利を持つ被告人の立場からみる場合には、叩き台が呈示する対象事件化の基準、ひいては対象事件の設定そのものに対して深い疑問が生ずる。ところがこのような疑問を抱くことなしに専ら政策的アクターを中心に対象事件を設定しようとしているのは、裁判員制度導入の理念・目的が「統治主体意識」の注入にあることに由来するのである。重大事件とするほうがこの理念・目的に、より適合的だからである。

三　次に、最終意見書及び叩き台が被告人に裁判員関与裁判を辞退（ないし拒否）する権利を一切認めないことについて検討してみたい。

その理由とされるところは、裁判員制度は個々の被告人のための制度というよりは国民一般にとって裁判制度として重要な意義があるので導入するからだ、ということのようである。しかし、真の理由は、もし辞退権を認めれば、裁判員関与裁判は極く少数にとどまり、裁判員制度が事実上空文化しかねないことへの危惧感のようである。この危惧感は、戦前の陪審法についての歴史的体験と、現実に存在する国民意識（二〇〇三年七月二八日付『読売新聞』世論調査によれば、回答者本人が刑事裁判を受ける立場に置かれた場合、現行裁判制度のほうがいいとする者が四九％であり、裁判員制度のほうがいいとする三七％を上廻っている）とに鑑みるとき、かなりリアルな切実性を帯びているようだが、私がここで問題としたいのは、この危惧感の顛倒性（権力性、非民主性）の点もさることながら、次項で本格的に取り上げる被告人の「公正な裁判を受ける権利」との不整合性の点である。

そもそも被告人は、憲法上、「公正な裁判所の裁判を受ける権利」を保障されている。この権利は、「公平な裁判所」こそ「公正な裁判」のエッセンシャルな構成要素であることや、世界人権宣言を始めとする関連国際文書、規約等に照らすとき、「公正な裁判を受ける権利」の表現形態として捉えられるが、ここで重要なことは裁判所の組織・構成の公平・無偏頗性に対する被告人の納得、信頼こそ裁判の公正さにとって絶対的、不可欠的だということである。

このような観点に立って辞退権の問題にアプローチするとき、辞退権を一切否定することは、被告人の納得、信頼の問題を無視するものであって、「公正な裁判を受ける権利」と不整合的、相反的であるといわざるを得ない。このような本質的な疑問を抱くことなく、辞退権の一切否定を打ち出している最終意見書及び叩き台の前述の理由付けは、裁判員制度を「統治主体意識」注入の道具とする考えをストレートに反映するものに外ならないというべきである。

三　公正な裁判を受ける権利と裁判員制度

1　公判簡略化の論理と公正な裁判を受ける権利

一　(1)　最終意見書は「公判手続・上訴等」につき、次のような基本的方向を示している。

①　裁判員の主体的・実質的関与の確保のための運用上の工夫と関係法令の整備。

②　判決書の内容は、裁判官のみによる裁判の場合と基本的に同一とする。

③　当事者からの事実誤認・量刑不当を理由とする上訴の許容。

(2)　右の如き最終意見書の示す基本的方向を踏まえ、検討会の叩き台は、これを次のように具体化している。

①　裁判員制度対象事件の審理は、裁判員の負担を軽減しつつ、実質的に関与できるよう、迅速で分かりやすいものとする。

②　第一公判期日前の事前準備手続を必要的とし、要審理見込時間（日数）を明らかにする。

③　（事前準備手続の概要については後述。）

④　弁論の分離・併合につき、迅速で分かりやすい審理の実現の観点から検討する。

⑤　できる限り連日開廷する。
⑥　裁判員は宣誓する。
⑦　検察官、弁護人は、準備手続における争点整理の結果に基づき、証拠との関係を具体的に明示して冒頭陳述を行わなければならない。
⑧　証拠調は、迅速で、かつ裁判員に分かりやすく、実質的関与を可能にするものにする。
⑨　証拠調は、争点集中の厳選証拠により行い、量刑関係証拠取調の区別化、争点毎の計画的証拠調、証拠物と争点との関連性の明確化、証人尋問の争点中心・簡潔化、反対尋問の主尋問終了直後実施、供述調書の信用性立証を作成状況を含め的確な判断の可能なものとする工夫、第一回公判期日前の裁判官による証人尋問の活用、公判開始前の鑑定実施の励行などを行う。
⑩　迅速で分かりやすい審理に向け、訴訟指揮を行う（注――この点につき後述）。
⑪　判決書は、裁判官が作成する。なお裁判員の署名押印及び身分終了時期については、ＡＢＣの三案あり。
⑫　控訴審については五案あり。
Ａ案――現行法通りとする。
Ｂ案――裁判官のみとし、自判を訴訟手続の法令違反、法令適用の誤りに限定（事実誤認、量刑不当につき自判を認めない）。

B'案――裁判官のみとし、事実誤認についてのみ自判を認めない。
C案――裁判官のみとし、事実誤認、量刑不当による破棄理由を加重する。
D案――裁判員も関与し、覆審構造とする。

⑬　差戻審については二案あり。
A案――新裁判員関与の事後審
B案――新裁判員関与の覆審

⑭　裁判員候補者・裁判員の不出頭及び裁判員の宣誓拒否に対する罰則（過料）
⑮　裁判員・同経験者の、評議経過、各裁判官・裁判員意見とその多少の数、その他職務上知り得た秘密の漏洩又は合議体構成者以外の者への意見申述に対する罰則（懲役、罰金）
⑯　裁判員に対する請託罪
⑰　裁判員・同経験者、その親族に対する威迫罪
⑱　裁判員候補者の質問票又は質問手続における虚偽回答、不回答に対する罰則（過料、罰金）
（但し罰金は虚偽回答についてのみ）
⑲　裁判員・同候補者の、氏名以外の個人情報の記載訴訟記録の非公開、氏名・住所その他の個人特定事実の非公表義務（「何人も」この義務を負う）
⑳　何人も裁判員に対し、その担当事件に関し接触してはならない。何人も知り得た事件の内容を公にする目的で裁判員経験者に対し、その担当事件に関し接触してはならない。

㉑　何人も裁判員又は同候補者に事件に関する偏見を生ぜしめる行為その他の裁判の裁判の公正を妨げる行為を行ってはならない。報道機関は、この義務を踏まえ、事件報道に当たっては、裁判員、同候補者に事件に関する偏見を生ぜしめないよう配慮しなければならない。

㉒　出頭の確保のための、裁判員についての休業制度及び休業による不利益取扱い禁止など

二　概要右の如き叩き台につき、検討会は、第一九回会議（二〇〇三年五月三〇日）以降審議中であり、多様な意見が出されている。

その中には、第一回公判前証人尋問の活用、偽証罪の積極的適用、反対尋問制限の強化、合意書面の活用、犯行再現ビデオ録画の活用、判決書内容の簡略化などをはじめ、叩き台の線に沿った発言の外、裁判員経験者の秘密漏洩に対する処罰範囲の広さへの疑問、裁判員等の個人情報保護（非公開）につき公開性拡大の意見、裁判員経験者への報道機関の接触（取材）規制への疑問（削除論）、公正妨害行為禁止への反対など、叩き台に対する疑問や反対意見も出されているが、大勢は叩き台ないし叩き台中のＡ案（但し、判決書への署名押印については裁判官のみの署名・押印、裁判員身分終了時期については判決宣告時とするＣ案）に向けて収斂することが予測される。このような予測をも踏まえつつ検討を進めることとしたい。(追10)

2　防御権無視、準備手続中心、公判簡略化、弁護活動規制、裁判秘密化、裁判批判規制

一　最終意見書及び叩き台は、裁判員制度における公判手続を設計するに当たり、軽負担、迅速化、平易化による裁判員の主体的、実質的関与の実現ということを基本的方向として掲げ、公判簡略化の構想を打ち出している。

しかし、ここには重要かつ基本的な視点の欠落がある。それは、被告人の「公正な裁判を受ける権利」、即ち、公平な裁判所、適正手続、防御権、弁護権などを十全に保障すべしとする憲法的視点の欠落である。わかり易くいえば、最終意見書及び叩き台は、裁判員制度を構想するに当たり、裁く側の便宜を重視するの余り、裁かれる側の権利保護の視点を見失っているということである。そして、最終意見書及び叩き台が提示する手続構想、すなわち準備手続において早期に設定した争点につき迅速で平易な簡略審理を行うという構想は、実は防御権の無視ないし軽視の上に組み立てられているのである。

二　(1)　最終意見書及び叩き台が必要的とする準備手続のより一層具体的な中身について、二〇〇三年五月三〇日の第一九回検討会会議に提出された叩き台「刑事裁判の充実・迅速化について（その一）」（以下、叩き台（その一）という）は、およそ次のような案を提示している（裁判員

制度関連の主要部分)。

①　主宰者——二案あり。

A案——受訴裁判所を構成する裁判官

B案——受訴裁判所以外の裁判所

②　準備手続の方法、出席者

訴訟関係人出頭、又は書面にて行う。出頭方式の場合、出席者は検察官、弁護人、被告人も出席できる。

③　準備手続の内容

訴因・罰条の明確化、争点の整理、証拠開示の裁定、証拠調の請求、立証趣旨・尋問事項の明示、証拠調請求への意見の聴取、証拠能力判断のための事実取調、証拠調の決定・却下、証拠調の順序・方法、公判期日の指定、審理計画の策定。

④　準備手続結果の顕出など

経過及び結果は、公判期日における調書及び当事者提出書面の朗読又は要旨告知により明らかにする。

準備手続は、できる限り早期に終結するよう努める。

⑤　検察官主張事実の提示、請求証拠の開示

検察官は、主張事実陳述書の送付と、取調請求証拠開示とを行わなければならない。

⑥　検察官取調請求証拠以外の証拠の検察側開示――二案あり。

A案――検察官が開示する保管証拠標目一覧表より被告人側が証拠を特定して開示請求があった場合、弊害発生のおそれがあると認めるときを除き、開示しなければならない。

B案――⑤による開示証拠以外のもので一定類型（証拠物、鑑定書、検証調書、実況見分調書、写真・ビデオテープ・録音テープ、検察側証人請求予定者調書、検察官主張事実に直接関係する参考人の供述調書、被告人供述調書）につき、類型、範囲を特定し、特定の検察官請求証拠の証明力判断上の重要性を明らかにして開示請求があったとき、開示の必要性と弊害の有無、種類、程度等とを考慮し相当と認めるときは開示しなければならない。

⑦　被告人側主張の明示――二案あり。

A案――被告人又は弁護人は、否認の主張、関係する事実の主張その他事件に関する主張をする場合には、検察官主張事実陳述書送付及び証拠開示の後、準備手続において、予めこれを明らかにしなければならない。刑訴法三二六条の同意をするかどうかなど、検察官請求証拠に対する意見についても同様である。

B案――弁護人は、検察官主張事実陳述書送付及び証拠開示の後、右主張事実のどの部分を争い、積極的にどのような主張をする予定かをできる限り明らかにするとともに、右同意をするかどうかの意見を述べなければならない。

⑧　被告人側による証拠開示——二案あり。

A案——被告人又は弁護人は、取調請求証拠を準備手続において請求、開示しなければならない。

B案——弁護人は、（以下A案と同じ）

⑨　争点関連証拠の開示

検察官は、開示証拠以外の証拠であって⑦の主張に関連するものについて、被告人側より証拠の類型・範囲、⑦の主張との関連性その他防御準備上必要な理由を明らかにして開示請求があった場合には、弊害の有無、種類、程度などを考慮し相当と認めるときは、開示しなければならない。

⑩　裁判所の証拠開示決定

裁判所は、開示すべき証拠を開示していないと認めるときは、請求により開示を命じなければならない。同決定に当り、裁判所は、必要があるときは、証拠の提示を求めることができ、また検察側に裁判所指定の類型・範囲に該当する証拠標目一覧表の提出を命じることができる。なお、この一覧表の被告人側への開示の要否については、積極（但し弊害のおそれあるときは不開示）（B案）、消極（A案）の二案あり。

⑪　争点の確認効——二案あり。

A案――準備手続終結に当たり裁判所により確認された争点と異なる主張は、やむを得ない事由又は証拠調の結果に照らし相当な理由がある場合を除き、することができない。
B案――A案の制度は設けない。
⑫　準備手続終了後の証拠調請求――三案あり。
A案――やむを得ない事由により請求できなかった場合に限り取調請求を認めるが、裁判所が職権で証拠調することはできる。
B案――裁判所又は相手方の求めに応じ請求しなかった理由を説明しなければならず、その説明に相当な理由がないと裁判所が認めるときは請求を却下する。
C案――AB両案の制度は設けない。
⑬　開示証拠の目的外使用の禁止と刑罰（省略）
(2)　右の如き叩き台（その一）の提示する準備手続につき、議事概要からみる限りでは検討会では、案が分かれる論点、例えば準備手続の主催者については①A案、取調請求証拠以外の開示については⑥B案、被告人側主張の明示については⑦⑧A案、準備手続終了後の主張・証拠調請求については⑪⑫B案がそれぞれ優勢のようにみえるが、その外の点は、叩き台（その一）に議論が収斂していくものとみられる。(追11)

三

(1)　右のような準備手続について、予測をも交えて考察する場合、指摘すべきは次の諸点である。

まず第一に、準備手続中心主義の傾向が色濃いことである。準備手続では、公判手続に先立って検察官主張事実なるものをめぐって、検察側と被告人側との間で攻撃・防御が、認否や争点主張、さらには証拠開示の適否（とくに検察官請求証拠の証明力の判断にとっての重要性〔⑥B案〕や、被告人側主張との関連性〔⑨〕の有無）に関する主張の形をとって、事実上かなり踏み込んで先取り的に行われる。そしてこの準備手続における裁判所の判断・決定は、手続的に公判審理に対し拘束力を持つことは勿論のこと、公判における新主張、新証拠の提出を極めて困難なものにし、被告人側の防御活動を制限、阻害する効果を持つ。そして重要なことは、準備手続が公判担当の受訴裁判所の裁判官によって行われることになる可能性が大であって、その結果として受訴裁判所の裁判官による予断形成、先取り的心証形成が行われ、裁判員との間に情報格差が生ずることである。

しかも、そもそも的確、適切な争点設定のためには被告人側への十全な防御権保障、とりわけ、検察側手持証拠の全面的開示と、被疑者・被告人と弁護人との自由・秘密の接見交通権とが最低限保障されなければならず、この保障を欠く争点の早期設定は、検察側主導性（それは即ち捜査中心性である）を増強すること必至である。ところが、叩き台（その一）が示す証拠開示手続は、開示の必要性や開示による弊害の有無・程度、さらには被告人側の争点主張を前提とする争点関連性の存在などを条件とする、極めて限定的なものにすぎない。また接見交通の自由化に向けても、改善措置を何ら打ち出していない。

さらに、より根本的な問題は、叩き台（その一）が被告人側に対し、準備手続における争点主張義務ともいうべきものを課していることである（⑦）（なお、この点につきA案とB案とが示されているが、本質的には両案は同じである）。周知のように被告人は黙秘権及び無罪推定の権利を憲法によって保障されている。この憲法的権利の観点に立って争点主張義務の問題をみれば、争点主張義務を被告人に課することは黙秘権侵害となることが指摘されなければならない。黙秘権とは包括的に一切を沈黙する権利であって、認否及び争点主張を義務付け強制することはもともとできないのである。この理は、憲法上の黙秘権保障の包括性を否定し、憲法三八条一項の「自己に不利益な供述」という文言に字義通りに従う解釈論をとる場合にも、妥当する。なぜなら、早期の争点主張は検察側の攻撃準備（例えば補充捜査によるアリバイ潰し）を誘発、強化する危険があり、かえって自己を不利益な立場に追い込みかねないからである。従って、早期の争点主張義務は、不利益供述強要に等しい効果を発揮し、そして被告人側に対し公判段階における無罪の立証責任を課するに等しい作用を持つのである。

(2)　このようにみてくると、裁判員制度が公判手続に前置する必要的準備手続とは、被告人の視点に立ってみれば、軽負担、迅速、平易化という公判簡略化方針に従って組み立てられた、防御活動限定、予断早期形成、立証責任転換の場に外ならない。

裁判員関与の公判手続は、このような準備手続の上に構築されることになるが、この準備手続が非公開で、基本的には被告人抜きで、書面方式を交える形で、いわば秘密裡に進められること、しかも糾問的捜査依存性を持つことなどを考えるとき、裁判員関与裁判は、秘密・非公開の準備手続中心主義、ひいては捜査手続中心主義の実態を構造的に持つことになる。

四　以上に述べたところからだけでも、軽負担、迅速、平易化を追求する裁判員制度の構想が、被告人側の防御活動の制限を主な手段とする公判簡略化構想であることは明らかである。この点を叩き台に即してもう少し詳しく検討する必要を感ずるが、紙数の関係上、ごく概括的な記述にとどめざるを得ない。

(1)　既にみたように、叩き台は、争点に集中し厳選された証拠調、争点ごとの計画的証拠調、証人尋問の簡略化、反対尋問の主尋問終了直後施行、自白の任意性に関する争いの公判からの切捨て（準備手続事項化）、その結果として生ずる信用性と任意性との有機的関連の切断（信用性立証の単純化）、訴訟指揮の強権化などの措置を用意している。

そして右の措置と関連し、検討会第二二回会議（二〇〇三年七月一八日）に提出された事務局作成の「刑事裁判の充実・迅速化について（その二）」（以下、叩き台（その二）という）は、訴訟指揮権に基づく命令の不遵守（例えば、検察官・弁護人に対する公判準備手続・公判手続への出頭・在席命令の違反や、裁判長の尋問・陳述制限への違反）につき過料に処する権限を裁判所に付与するとともに、弁護士会又は日弁連にその旨を通知し弁護人について適当な処置をとることを請求しなければならず、弁護士会等は速やかに処置の上裁判所に通知しなければならない、とする案を示している。これによれば、裁判長の訴訟指揮に従わない弁護人は、二重の制裁を受けることになり、弁護活動は厳しい規制にさらされることになる。これは新職権主義とも呼ぶべき権力主義的仕組みである。(追12)

(2)　また、最終意見書が謳う「直接主義・口頭主義の実質化」についても、叩き台（その二）も含めその具体化の動きはこれ迄のところ見当らず、本来最も問題視されるべき自己矛盾の検察官面前調書の証拠能力（刑訴法三二一条一項二号後段）についても温存、活用の方針が固まっている。要するに、いわゆる調書の証拠能力については一切手を触れず、いわゆる調書裁判の構造を維持しつつ、その簡略化（調書内容の簡略化、その任意性・信用性立証の簡略化、調書内容への事後的反対尋問の簡略化）を図っているのみか、その迂回的拡大を意味する第一回公判前証人尋問の活用（刑訴法二二六条以下）をも打ち出している。

なお、叩き台（その二）は、被告人側が被疑事実を認め、即決裁判手続に異議がないことを書面で明らかにしたときに、裁判所は簡易公判手続による審理を行い、即日結審・判決を言い渡す即決裁判手続の新設を謳っている。この手続は、手続の簡略化、効率化と引換えに、自白強要や冤罪を作り出す危険を持つ。

(3)　このように、裁判員制度には、被告人の公正な裁判を受ける権利、防御権の無視ないし軽視の傾向が著しい。そしてこの傾向は、裁判員制度が「統治主体意識」の注入という権力的な発想に基づくことに由来する構造的、本質的なものである。

ところが、このような批判的な見方に対し、証拠開示のルール化や、公的被疑者弁護制度導入等による弁護活動の充実により、この傾向の現実化を防ぐことができる、という反論があり得よう。しかし、先にみたように、現在策定中の証拠開示ルール化は、証拠の特定性、争点関連性、開示必要性、さらには「弊害のおそれ」などの縛りを厳重にかけた、制限的なものである。また、公的弁護制度についても、運営主体や運営システムの点で疑問があり、果たして弁護活動の自主、独立、自由な展開を保障するものとなるかについて危惧の念が持たれること、また何よりも裁判員制度には弁護活動規制装置が埋め込まれていることなどの点からみて、弁護活動に前述の如き構造、本質の現実化を防ぐ役割を期待することには限界がある。(追13)

五　控訴審についても論ずべき点は多々あるが、紙数の関係で一切省略して他日に譲り、最後に、罰則規定等に関連し、裁判員制度が、裁判員・同経験者に対する秘密漏洩罪、裁判員個人情報の保護措置、裁判員に対する接触規制措置、裁判の公正さへの妨害行為の禁止、偏見を生ぜしめる報道の規制などにより、裁判を、情報入手、報道、批判の困難な秘密的聖域と化する危険のあることを強く指摘しておきたい。(追14)

この危険がいかに重大なものであるかは、松川事件をはじめとしてこれ迄広く展開されてきた公正裁判要求運動や裁判批判、そして裁判報道が、いかに被告人への人権侵害や冤罪を救済し、裁判の公正化に貢献してきたか、そしてそれなしには防御・弁護活動も公正裁判の実現も到底あり得なかったであろう、という歴史的経験を想起するとき、明白な事柄である。

刑事裁判の秘密化に向けた刑罰網と規制は、国民の裁判への関心を低レベルのものに押し止め、被告人の人権保障に立脚する公正な裁判の実現を妨げる。そしてそれは、やがて司法への国民の信頼の低下、司法の国民的基盤の空疎化をもたらすことになるのである。

四　裁判員制度批判の現実的意義——仮の結びとして——

一 (1)　これ迄縷々《るる》述べてきたことを、本稿冒頭で提示した問題意識に沿って結論風にまとめれば、次の通りである。

①　裁判員制度は、司法の民主、独立、公正の憲法的原則に反する構造的本質を持つ。

②　この構造的本質は、「統治主体意識」の注入という司法制度改革の権力的発想、ねらいに由来する。

③　この構造的本質は、刑事司法の人権保障機能強化に向けた改革的営みと対立しこれを抑圧する逆改革と連動、連結しており、人権侵害的で冤罪作出の危険を強く孕む糾問的刑事手続構造の温存・強化へと向かうことは必至である。

④　さらに裁判員制度は、公正裁判を求める裁判運動、裁判批判、裁判報道を排除、抑圧する装置を内蔵しており、そのため公正裁判実現の現実的契機の発現、発展を妨げる危険を持つ。

⑤　そしてこの危険は、実は裁判員制度の「改善」、ひいては国民の真に民主的、人権保障的な司法参加の運動的、制度的構築への展望的基盤を脆弱化していく。

(2)　右の五点のうち、①～④については、司法制度改革の実体を、時代的状況の分析と憲法的視点とに立脚して分析、検討しようとする者の間では、認識をほぼ共有できるし、現に共有しているように思う。

しかし、⑤については、見方が分かれており、このことが裁判員制度の最終的評価の分岐に繋がっているように私は思う。いま設計されつつある裁判員制度が仮に大きな欠陥や問題点を抱えるとしても、裁判員制度により司法への国民参加が実現することそれ自体に大きな意義があり、欠陥や問題点は今後改善、改良していけばいい、という類の意見があり、むしろ有力だからである。しかし、この意見には現実的基礎が果たしてあるのだろうか。私は、この点について真剣に論議がなされるべきだと考える。この点の解明こそ評価分岐克服の鍵だからである。そして、その論議に資することを願い、敢えて論争風に次の四点を述べてみたい。

第一に、裁判員制度には、民主的発展を阻害、抑圧する契機がもともと構造、本質として埋め込まれていること。

第二に、右の阻害的契機は、諸改革を生み、かつ諸改革の生み出す政治的、司法制度的、イデオロギー的な時代状況の下で、今後進展、強化されていくであろうこと。

第三に、このような状況の進展を阻止するためには、裁判員制度の構造と本質とに対する徹底的な批判が必要であり、その不徹底、妥協化、曖昧化は、批判の発展力を弱め阻害することになること。

第四に、そうだとすれば、国民の司法参加の民主的展開を希求する者こそ、裁判員制度の構造と本質とに対する批判に最後迄取り組むべきであって、安易で楽観的な見通しに立ち妥協すべきではないこと。

二　だがしかし、裁判員制度実現が決定的となったいま、このような批判を展開することに一体どのような現実的意義があるのだろうか。

(1)　私は、この点に関連し、さし当たりの考えとして次の三点を述べておきたい。
第一に、裁判員制度の構造、本質に対する徹底的批判を、この制度構想の抜本的改良へと繋げていくことが果たして可能か、その条件、ポイントは何かを、ぎりぎりのところ迄探るための論議を広く巻き起こすことが必要である。

第二に、もしそれが不可能なことが判明した場合には、裁判員制度反対を明示すべきである。裁判員制度に、仮に極く部分的に改良要素があるとしても、それを上廻る改悪要素があるとする以上、反対の態度をとるべきことは当然だからである。(7)

第三に、もし反対する場合、反対者は、日本社会の持つ民主的な人権擁護の運動的エネルギーを信頼しつつ、裁判員制度への批判・反対論にこそ現実改革的な正当性があること、そして批判・反対論こそ真の刑事司法改革への理論とエネルギーを用意することについての歴史的見通しと確信とを持つべきである。(8)

(2)　最後に付け加えたいのは、このような批判作業を有効に行うについては、問題意識と方法論と民主主義及び基本的人権への志とを共有する者の共同作業が必要だということである。

故本間重紀氏は、逸速く司法改革の重大性を把握し、率先して民主主義科学者協会法律部会司法特別研究会を組織し、リードされた。そして、病魔と必死に闘いながら気力を振り絞って最後迄この共同研究に参加し、その成果を発表された。その遺稿ともいうべき論文「財界統治戦略としての規制緩和的司法改革論の現段階像」（民主主義科学者協会法律部会編『だれのための「司法改革」か』『法の科学』三〇号（日本評論社、二〇〇一年））の中で、本間氏は、透徹した理論的分析力、的確な現状認識、そして巧みな論証力を以て司法改革の本質の分析を行い、「現状よりも悪くなる」と喝破しておられる。

その志の高さと気丈なお姿とを憶い起こしつつ、この拙い論稿を本間氏のご霊前に捧げる。

（1）　渡辺治「新自由主義戦略としての司法改革・大学改革」『法律時報』二〇〇〇年一一月号、本間重紀『暴走する資本主義』（花伝社、一九九八年）、「年表・一九九〇年代司法改革の軌跡」（佐藤岩夫氏作

成）民主主義科学者協会法律部会編『だれのための「司法改革」か』（『法の科学』三〇号・増刊、二〇〇一年）参照。なお、拙著『司法改革の思想と論理』（信山社、二〇〇一年）をも参照されたい。

（2）拙稿「市民の安全要求と人間的・社会的連帯の回復」田島泰彦ほか編『住基ネットと監視社会』（日本評論社、二〇〇三年）（拙著『刑事訴訟法の変動と憲法的思考』一四五頁以下に収録）、『法律時報』臨時増刊・全国憲法研究会編『憲法と有事法制』（日本評論社、二〇〇二年）参照。

（3）前掲拙稿「市民の安全要求と人間的・社会的連帯の回復」参照。

（4）前掲拙著『司法改革の思想と論理』参照。なお、晴山一穂「行政改革会議最終報告の批判的検討」原野翹ほか編『民営化と公共性の確保』（法律文化社、二〇〇三年）は、同様のイデオロギーを用いて進められる行政改革につき、鋭い批判を展開している。

（5）拙稿「中間報告の全体像——司法制度改革審議会の思想と論理の発現・貫徹状況」前掲民主主義科学者協会法律部会編『だれのための「司法改革」か』（拙著『刑事訴訟法の変動と憲法的思考』二二四頁以下に収録）、拙著（共著）『地方自治・司法改革』（小学館、二〇〇一年）参照。

（6）三案は左の通り。

A案——（被告人に有利・不利を問わず）裁判官一名以上及び裁判員一名以上の賛成が必要的。

B案——被告人に不利な裁判は、裁判官一名以上及び裁判員一名以上の賛成が必要的。

C案——被告人に不利な裁判は、裁判官の過半数及び裁判員一名以上の賛成が必要的。

（7）渕野貴生「刑事司法制度改革の評価方法——裁判員制度を素材として」『静岡大学法政研究』六巻三・四号（二〇〇二年）も本稿とほぼ同旨の主張を展開している。

（8）この点については、他日論じてみたい。

(追1)　本稿初校の段階（二〇〇四年三月中旬）において、裁判員の参加する刑事裁判に関する法律案（以下、「裁判員法案」という）、刑事訴訟法等の一部を改正する法律案（刑訴法・少年法・検察審査会法の一部改正案——以下、刑訴法改正部分を「刑訴改正案」という）、総合法律支援法案（被疑者国選弁護制度新設部分を含んでいる）が三月二日、国会に提出されている。

その他に、知的財産高等裁判所設置法案、行政事件訴訟法一部改正案、労働審判法案、民事訴訟費用法等一部改正案（弁護士費用の敗訴者負担制度導入）なども国会に提出されている。

(追2)　下級裁判所裁判官指名諮問委員会は、二〇〇三年一〇月六日、同月一六日付任命の新任判事補指名候補者一〇九人のうち一〇〇人指名、八人不指名、一人判断留保の答申を行い、翌日最高裁は、答申通り八人を不指名とする決定を行った。また同委員会は二〇〇三年一二月二日、再任希望の裁判官一八一人のうち六人を不再任とする答申を行い、その後その六人のうち四人が再任希望を取り下げた。最高裁は二〇〇四年三月三日、残る二人につき再任不指名の決定を行った。

このような新・再任における新選別システムの本格的稼働と並び、高裁長官・地家裁所長による裁判官人事評価システムも整備された（二〇〇四年一月七日最高裁規則——裁判官の人事評価に関する規則）。

このようにして、裁判員制度導入と併行し、裁判官の選別・評価システムが強化され、裁判官に対する官僚的統制体制が再編・強化されるという恐るべき事態が進んでいる。

(追3)　裁判員法案は、A案を採用している（六七条）。

(追4)　裁判官・裁判員の人数問題につき、裁判員法案は、裁判官三人・裁判員六人を原則型とし、例外型として、被告人が公訴事実を認めている場合であって当事者に異議がなく、かつ事件の内容等を考慮して適当と認めるとき裁判官一人・裁判員四人とすることができるとしている（二条）。

（追5）　裁判員法案は、裁判員に対し、裁判官の法令解釈及び訴訟手続に関する判断に対する服従義務規定を設けるとともに（六六条四項）、義務違反を解任事由として掲げている（四一条一項四号）。

（追6）　裁判員法案は、「裁判員は、独立してその職権を行う」（八条）と規定し、憲法及び法律への被拘束性をも削っている。これは、前掲追注（追5）で述べたことに関連しており、良心条項や裁判官法令解釈等への服従義務規定と相俟って、裁判員の独立をいっそう限定的で無内容なものとし、その思考・判断を脱憲法的、脱人権論的なものとする危険を持つ。

（追7）　裁判員法案は、裁判員の要件（資格）等につき、次のような選択ないし修正を行っている。

ⓐ　裁判員の選任資格（要件）につき、A案採用（一三条）。心身故障者を欠格事由とする（一四条三号）。

ⓑ　辞退事由として、「政令に定めるやむを得ない事由」を附加（一六条七号）。これは、新聞報道によれば、自由民主党の意見に基づき、政令で思想・信条を理由とする辞退を認める含みだとのことである。

ⓒ　理由なしの不選任請求（いわゆる専断的忌避）につき、裁判員法案は、限度を、原則型の場合四人、例外型の場合三人、としている（三六条）。

（追8）　前掲追注（追7）において述べたように、裁判員法案は、思想・信条による裁判員辞退を認める方向に向かっていると伝えられており、裁判員制度と思想・信条の自由との抵触は回避されるかに一見みえる。しかし、政令における規定のしかた如何によっては、思想・信条の内容の開示の責任や、その内容と裁判員職務遂行の困難性との因果関係の証明責任が裁判員候補者に課されることとなりかねず（その公算が大である）、その結果、思想・信条の自由についての侵害を惹起する危険が生じるおそれは依然として極めて強い。

（追9）　裁判員法案は、ほぼ予測通り、対象事件につき、①死刑・無期の懲役・禁錮にあたる事件、②法定合議事件であって故意の犯罪行為により被害者を死亡させた①以外の事件、としている（二条一項）。

また対象事件からの除外も認め、その要件についてはA案に字句上の修正を施し、被告人の言動、所属団体の主張もしくは他の団体構成員の言動又は裁判員候補者・裁判員への加害もしくはその告知等の事情により、裁判員候補者・裁判員・同経験者・同親族等の生命・身体・財産に危害が加えられるおそれ又はこれらの者の生活の平穏が著しく侵害されるおそれがあり、そのため裁判員候補者・裁判員が畏怖し、裁判員候補者の出頭確保が困難な状況にあり又は裁判員の職務遂行ができず代りの裁判員の選出も困難であると認めるとき、としている（三条）。

（追10）　裁判員法案は、予測通り、⑫⑬の控訴審及び差戻審につき、何ら規定しない形をとることにより、A案をとることを明らかにしている。その他の点についても、⑱までは叩き台の線にそって規定化している（但し、②のうち要審理見込時間（日数）の明確化、⑧ないし⑪についての同法への規定化はしていない）。

しかし、⑲の裁判員・同候補者の個人情報保護については、検察官・弁護人・被告人（もしくはこれらの経験者）による裁判員候補者の氏名、質問票記載内容、選任手続陳述内容の正当理由なき漏洩に対し刑罰（懲役・罰金）を科することとし（八〇条）、⑳の接触規制につき「公けにする目的」を「秘密を知る目的」と修正することにより規制範囲を拡大するなどして秘密保護強化を行う一方、㉑の公正妨害行為禁止については、報道機関の強い批判にあい規定化を見送っている。

（追11）　準備手続に関連し刑訴改正案は、ほぼ予測通りの規定化を行っているが、手直しを施している主な点を挙げれば、次の通りである。

⑥の検察官請求証拠以外の証拠の検察側開示につき、証拠類型に被告人関係取調状況記録（取調年月日、時間、場所その他の取調状況の記録）を追加していること（刑訴改正案三一六条の一五）、⑩の証拠標目一覧表につき閲覧・謄写を一切禁止していること（刑訴改正案三一六条の二七）、⑪の争点の確認効については予測通りB案に従い規定しなかったが、⑫の新証拠請求についてはA案をとり、「やむを得ない事由」のある場合に限り認めることとしていること（刑訴改正案三一六条の三二）、などである。

（追12）　刑訴改正案は、出頭・在席命令違反については叩き台（その二）に従い過料及び処置請求の権限を裁判所に与えているが（二七八条の二）、尋問・陳述制限命令違反については過料を削除し処置請求のみとしている（二九五条三、四項）。

（追13）　公的弁護制度については、従来の被告人国選弁護制度に加え、新たに被疑者国選弁護制度を創設し、両者を統括、運営、実施する機関（独立行政法人的な枠組みを持つ法人）として、日本司法支援センターを設立する法案（総合法律支援法案）が国会に提出されている。これによれば、同センターは、法務省の管理・監督下に置かれ、法的情報提供、民事法律扶助、被害者援助の外、国選弁護人を契約弁護士の中から指名、提供しその事務を取り扱わせるなどの業務を行う。契約弁護士たる国選弁護人は、「独立してその職務を行う」（三三条一項）とされてはいるものの、支援センターが法務大臣の認可を受けて定める業務方法書、法律事務取扱規程、国選弁護人事務契約約款などに拘束され、「契約解除その他契約約款に基づく契約に違反した場合の措置」（三六条）（これは懲戒を含むものと思われる）

に服する。それのみならず刑訴改正案は裁判所の国選弁護人解任権を新たに明記し、被告人と弁護人との利益相反、心身故障、弁護人に対する被告人暴行等の外、「弁護人がその任務に著しく反したことによりその職務を継続させることが相当でないとき」にも解任できるとしている（三八条の三）。

（追14）　前掲追注（追10）で述べたように、裁判員法案は、公正妨害行為禁止・偏見報道規制を削除してはいるが、しかし依然として刑事裁判秘密化の壁は厚い。

後記

二〇〇三年九月一三日に本稿を脱稿してから半年以上経った。その間に生起した関連事象については、初校に当たり前記のような追注を補うことにより対応したが、本稿本文に記した批判的考察の部分については改筆の必要を感じなかったので、そのままとした。

もっとも、紙数が許すならば補筆したい部分は沢山ある。特に本稿末尾の結論的部分、四・二・(1)で提示している問題については、本稿の草稿を下読みしてくださった方々からの指摘もあり、補筆の必要を強く感じるが、既に制限枚数を大幅に超過しているため断念し、別の機会に廻さざるを得ない。

なお、紙数の大幅超過の点については、関係者の方々に深くお詫び申し上げる。

本書収録にあたっての若干の説明

一　本論文は、裁判員制度が法案化される前の二〇〇三年九月に脱稿し、その後、初校の段階で裁判員法案の国会提出の事態を踏まえて追注（（追1）～（追14））を施して、二〇〇四年六月に『構造改革批判と法の視点』（丹宗、小田中編、花伝社）の一稿として発表したものであり、ほぼ四年前の論文ということになる。しかも、二年前には、私の論文集『刑事訴訟法の変動と憲法的思考』（日本評論社）に字句修正や追記を施して収録している。このような経緯を持つ本論文を本書に再録するについては、私としてはためらう気持もある。

しかし、今読み返してみて、この制度への根本的な批判論文としての意義を失っておらず、しかも施行（二〇〇九年五月二一日）を一年後に控え、この制度への懐疑論や批判論が一般国民やマスコミの間に拡がり、のみならず弁護士層や各地弁護士会にも施行延期論や廃止論が急速に拡がり始めているという現在の状況のなかで（二〇〇八年二月二九日、新潟弁護士会は「裁判員裁判実施の延期に関する決議」を、また同年五月二四日、栃木弁護士会も同旨の決議を行っている）、この動きの理論的基礎付けを強める役割を果たす可能性を持っているようにも思う。

しかも、本書の第一部に収録した文章は、講演に手を入れたものであるので、どうしても構成や論理、論証の点で厳密さを欠くきらいを免れず、この点を補う意味を本論文が担い得るようにも思う。

そこでこのことを読者に了解していただいた上で、本稿初校の段階（二〇〇四年三月中旬）以後に生じた裁判員制度関連事象のうちの主なものを次に列挙したうえで本書に収録することとしたい。

二

(1)　裁判員法は、二〇〇四年五月二一日に国会で殆んど全会一致で可決・成立。二〇〇九年五月二一日施行と決定された。

(2)　併合事件（同一被告人の数個の事件の併合審理）に関する区分審理・部分判決制度が導入された（二〇〇七年五月）（裁判員法七一条以下）。

(3)　思想・信条を理由とする裁判員辞退自由の政令規定化は見送られ、「自己または第三者に身体上、精神上、経済上の重大な不利益が生じること」を包括的辞退事由として政令に盛り込むことで対処することとなった（二〇〇八年一月一七日政令三号公布）。

(4)　犯罪被害者の公判手続参加制度が成立した（二〇〇七年六月刑訴法三一六条の三三以下新設）。

(5)　死刑存置を前提とする裁判員制度の導入・施行への批判の高まり（例えば団藤重光「死刑廃止なくして裁判員制度なし」『朝日新聞』二〇〇七年一二月二〇日付インタビュー、同『反骨のコツ』朝日新書、二〇〇七年、一三二頁以下）の下で、裁判員制度による死刑評決につき全員一致制を導入すべしとする案や、死刑回避を狙う「終身刑」導入案などの動きが国会議員間に浮上している（本年春頃より）。

(6)　裁判員制度に対する積極的評価は依然として低く国民の一割程度であり、日本世論調査会の全国世論調査・二〇〇八年一月一、二日実施によれば、「評価する――七・六％」「裁判員を務めたい――一一・八％」にすぎない（『河北新報』二〇〇八年三月一六日付）。このような状況の改善を図り、最高裁および法務省は本年度約一七億六〇〇〇万円をかけて広報活動を展開するという（『河北新報』二〇〇八年五月二一日付）。

第三部　人身の自由と刑事司法改革

Ｖ　冤罪と刑事司法改革

この講演は、二〇〇七年一二月一四日、立命館大学法学会冬季学術講演会において行われ、これにかなりの加筆・修正を加えた本稿が同学会誌『ほうゆう』二〇〇八年七月号にも掲載予定。

はじめに

一　立命館大学の皆さん、こんにちは。ただいま、ご紹介いただきました小田中です。今日（二〇〇七年一二月一四日）は、立命館の皆さんにお話しする機会を与えてくださいまして、たいへん光栄に思います。私にとって立命館は、なんといっても、末川博先生の名前と結びついた大学です。先ほども大学にまいりまして、ちょっと時間があったものですから、末川記念館で先生の書斎を拝見し、立命館はこういう立派な先生が歴史をおつくりになったんだなとつくづくと感銘いたしました。こういう大学で学んでいる皆さんは、本当に幸せだと思います。

前置きはこのぐらいにしまして、今日は、あらかじめレジュメを用意しました。それから、司法改革関係について私が最近書いたものを参考資料としてお配りしました。今日はこれらを参考にしながら、話を聞いていただければ幸いです。

本日のテーマは、じつは学生の方と電話で相談をしながら決めたのですが、「冤罪と刑事司法改革」という、たいへん重いテーマです。冤罪は冤罪で、一時間や二時間では、とても語り尽くせないテーマです。刑事司法改革もまた、重いテーマです。しかし、学生の方のご希望もあり、なんとかこのテーマについて私なりの考えをお話ししてみたいと思っています。

二

最近、刑事裁判員制度の実施に向けて、さまざまな機会を捉えてそのピーアールが行われていることはご存じのとおりです。二〇〇九年の五月までには実施することになっているわけです。今日も『朝日新聞』に関連記事が載っていました。気がついた方もおられると思います。もうすでに、具体的な事件について、裁判員制度を想定しながら、検察、弁護、それから裁判を進行する訓練や実習が始まっているというのです。もう本当に間近に裁判員制度実施が迫ってきていることを痛感させるような記事でありました。

政府はこれから一年間に、一説によると六億円から七億円の金をかけてピーアールするといわれていますけれども、私たちの身のまわりに、政府・裁判所、弁護士会、そしてマスコミのキャンペーンが洪水のように繰り広げられていくと思います。

しかし、その一方において、世論をみてみると、内閣府の世論調査などによっても、七割～八割は、できればこの制度にあまり関わりたくない、参加したくない、そういうような非常にネガティブな、消極的な反応が、国民のあいだでまだ続いているのであります。

また冤罪事件に目を向けますと、これまたほとんど毎日のように、冤罪問題が報道されています。今年（二〇〇七年）に入っても、とくに人々の関心を呼びましたのが、鹿児島の志布志町で起きた公職選挙法違反の冤罪事件と富山事件です。鹿児島の公職選挙法違反事件は、被告人一二人が全員無罪になって決着をみた。この一二人の方々は、逮捕から無罪になるまでに、たいへん苛酷な取扱いを受けました。『世界』という雑誌にいま、朝日新聞の地元の記者の方がその実態をレポートした記事を連載し始めています（二〇〇八年一月号、二月号）。ぜひ読んで下さい。

この事件は、公職選挙法違反、つまり二〇〇三年四月の鹿児島県会議員選挙で買収の集まりがあり金をもらったという容疑で一三人が逮捕されました。一人は途中で亡くなってしまい、一二人の方が無罪判決となった事件です。普通冤罪事件では、犯罪事件が発生し、誰が真犯人かという点で問題が起きるのがほとんどであります。ところがこの鹿児島の公職選挙法違反事件では、買収の事実はまったくない。まったく架空の事実について、警察が捜査をし、「踏み字」をさせたり脅したりして六人から嘘の自白を引き出し、検察が起訴している。幸いにして全員無罪にはなったものの、その間に受けた、精神的あるいは肉体的ダメージはたいへんに大きいものでした。

また富山事件は、強姦事件でした。ある方が、アリバイを無視され、死んだ母親の写真を持たされて取調を受け、嘘の自白を強いられ、ついに有罪に追い込まれていった。しかし、服役後に真犯人が現れたため、再審が開かれ、無罪になりました。この方も、犯人にされた精神的、肉体的な被害はたいへんに大きなものですね。

三　いまでも、こういう冤罪事件が出ている。古い事件ではないのですね。二一世紀に起きている事件です。そのようにみてきますと、一方では裁判員制度の実施が間近に迫っているが、しかし他方においては、冤罪事件が依然として後を絶たない。こういう動きを、全体的にどう捉えたらいいのか。もっと端的にいえば、裁判員制度のスタートをはじめとして、たとえば被害者の刑事手続参加や少年審判への被害者傍聴など、刑事司法が全体として大きく変わろうとしているのですが、この動きが冤罪とどういう相関的な関係に立つだろうか、果たして冤罪の防止や是正や救済にプラスとなるだろうか。こういうことを考えてみたいというのが、今日のテーマなのです。

一　刑事司法の憲法的な理念と枠組み――人身の自由の重要性――

一　それでは、このむずかしいテーマに、どう接近したらいいのだろうか。私は、刑事司法というものの根本的な立脚点、つまり、刑事司法の憲法的な理念と枠組みをまず確認したうえで、このテーマに接近してみたいと考えます。

刑事司法について、憲法はたいへんに手厚い規定を置いています。日本の憲法は、第二次大戦後にできたものですが、「国民主権」を謳ったあとで、第九条の戦争放棄条項を置き、そしてさらには憲法第一一条以下に「基本的人権」条項を第四〇条まで置いています。じつに三〇カ条が人権規定です。

改めて確認してみますと、第一一条で基本的人権は不可侵の永久の権利であると謳ったあとで、第一三条では、「生命、自由及び幸福追求の権利」を、第一四条では「平等権」を、そして第一八条では、「奴隷的拘束からの自由」「苦役からの自由」を謳っています。これは「人身の自由」といわれるものの一種でありますが、しかしその後にくる精神的自由の前提条件の意味を持つものなのです。そして第一九条以下で、思想、良心、信教、集会・結社・表現の自由の規定を置き、そのあと、居住・移転・職業選択の自由とか、学問の自由、婚姻の自由、そして生存権、教育を受ける権利、勤労の権利、勤労者の団結権といったような、人権条項が続くわけです。その人権条項の最後に、第三一条以下から一〇カ条を使って、刑事手続における人権の規定を置いています。

先ほど申しましたように、冒頭に出てくる「奴隷的拘束からの自由」、「苦役からの自由」、こういう人権、つまり「人身の自由」が人権条項の一番トップに出ているわけですが、このことの持っている意味は、とても大きいと思います。思想の自由をはじめとする精神的、社会的自由権は、勿論重要な権利です。しかし、その前提となるのは「人身の自由」であります。そしてこの規定が具体的に意味するのは、奴隷制度廃止後においては刑罰及び刑事手続的拘束からの自由です。もっとも、自由権といえども公共の福祉による制限があり、刑事手続においても、人身の拘束というのはあり得るわけです。しかし、その人身の拘束も、曖昧な枠のないものであってはならず、明確で厳しい枠のなかでのみ自由の制限が認められる。その枠が第三一条以下の規定なのです。

このように考えてきますと、市民の人権にとって、いかに第三一条以下の規定が重要性を持っているかがよくわかると思います。

二　そこで第三一条以下の規定をさらに見ていきますと、法律の定める適正な手続によらなければ刑罰を科せられないという適正手続条項を定める第三一条から始まって、裁判を受ける権利(第三二条)、令状による逮捕、弁護人依頼権、拘禁理由開示、令状による差し押さえ、拷問・残虐刑禁止、公平な裁判所の保障、証人尋問権、強制・拷問・脅迫による自白の証拠能力の制限、一事不再理。そして最後に、無罪となった者への刑事補償が定められています。

このように非常に手厚い人身の自由の保障に、感心し、またびっくりもします。

このことは憲法が、刑罰権の恣意的な行使から主権者たる国民、市民を守るということが、人権の保障と民主主義の発展にとってどんなに重要であると考えているかをよく表わしているように思います。

以上の点をしっかりと踏まえて、話を進めていきたいと思います。

二　刑事司法の歴史と現実

1　戦前刑事司法の糾問的構造

ところで、こういう手厚い憲法条項を読むにつけて、憲法はどうしてこんなにも刑事手続における人権を重視しているのかという疑問が当然のことながら起きてくるはずです。こういう条項を生み出したものは一体何だろうか。

実は明治憲法においては、人身の自由の保障規定は極めて貧弱であり、ほとんど無いに等しいものでした。

明治憲法では、「日本臣民ハ法律ニ依ルニ非ズシテ逮捕監禁審問処罰ヲ受クルコトナシ」（第二三条）と規定されています。この規定の「法律ニ依ルニ非ズシテ」としているのを逆に読みますと、逮捕、監禁、審問、処罰を受けることについては、法律の形をとりさえすればいかようにでも規定できるということなのであります。日本国憲法とはまったくちがう、逆のものです。

この明治憲法のもとで、日本は三つの刑事訴訟法を持ちました。一八八〇年（明治一三年）制定の治罪法。一八九〇年（明治二三年）制定の旧旧刑事訴訟法。それから一九二二年（大正一一年）制定の旧刑事訴訟法。この三つです。

これらの三つの刑事訴訟法は、明治憲法で「法律ニ依ルニ非ズシテ」とされている、その「法律」にあたるものですが、日本は明治維新以後、「人身の自由」に関係する刑事訴訟法について、一応、ヨーロッパから学んで形の上では近代的な刑事手続を作り出しました。しかしながら明治憲法が実質的には何の制限もしなかったために、刑事訴訟法は実際には、たいへんにルーズな規定を置きました。ルーズというのは、国民の自由を保障するという意味合いにおいては非常にルーズだったということであり、逆にいえば、捜査から始まって起訴、そして裁判に至るまで、被告人・被疑者の人権保障は弱かったということです。そういう法的欠陥を持ったものでありました。

しかも、検察や検察、さらには裁判所は、その法的欠陥を拡大し、人権というものをほとんど無視するかたちで、その運用（濫用）を行っていったのです。

そのもっとも極端な例が、治安維持法という法律や行政執行法に基づく行政検束の運用（濫用）でありました。治安維持法という法律は、いまでは人々の記憶から消えかけていますが、じつは戦前においては、民主主義をめざす社会運動や反戦・平和を守る闘いは、ことごとく国家権力によって潰されていく。その際の政府側の武器になったのが、この治安維持法でした。治安維持法や行政執行法に基づく行政検束の下では、いつ家の中に警察が踏み込んでくるかわからない。また、警察に何日間も身柄を拘束されるかわからない。そして、どんどん拡大解釈され、処罰に適用されていく。そういう法律であったわけです。

この治安維持法というものは、戦前の日本の社会における良心的な営みの一切を押しつぶした戦争遂行装置の中心であり、大正末期や昭和初期から昭和二〇年（一九四五年）一〇月の廃止に至るまで、日本のあらゆる良心的な思想・言論の営み、宗教的な営みを潰していったのでありまず。この法律、この悪法があったからこそ、日本は、中国侵略、アジア侵略の戦争を反対勢力を抑えてスムーズに遂行することができたのです。

この治安維持法がいかに悪法であったかを、時間があれば私はもっとお話ししたい。じつはこの治安維持法事件のなかで横浜事件という事件があります。第二次大戦の末期に起きた捏造事件であり、検挙は一九四二年から始まりました。特高警察はありもしない事件をでっちあげてジャーナリストなどを五〇数名も捕まえ、敗戦後に裁判所が有罪を言い渡した事件です。この事件について、最近、有罪判決がすさまじい拷問による虚偽の自白によるもので誤判であることは明らかであるとして、再審が開かれました。ところが再審公判の第一審と第二審は、無罪とせずに、治安維持法が敗戦後間もなく廃止されて現在存在しないことを理由に、無罪ではなく免訴（門前払い）としたのです。そこでいま、最高裁に上告中です。

私は、日本の警察なり検察なり裁判所は、この治安維持法の執行についての責任、これを戦争責任として捉えきちんと反省し無罪判決を出すべきだと考えており、このことについて最高裁判所に宛てて書きました私の意見書が法律雑誌に載ることになっております（『法律時報』二〇〇八年三月号）。おそらく一年ぐらいの間には、最高裁判所としての判断が出るでしょうが、皆さん、ぜひ注目しておいてください〈追記　最高裁は、二〇〇八年三月一四日、上告を棄却〉。

要するに、大雑把にいえば、戦前は、思想言論をはじめとする人間の社会的営みを押しつぶすために使われたのが、いま言った治安維持法をはじめとする法律を適用する刑事裁判だったのです。

2　人身の自由の現代的意義

敗戦後、日本は、戦争を二度と繰り返さないという決意で新しい憲法をつくりました。憲法の前文に、このことが書いてあります。政府の行為によって再び戦争の惨禍が起こることのないようにする。これが日本の憲法をつくる目的である、と。皆さんは、こういう憲法のもとで、生まれ育ち、幸いにして平和に暮らし、勉強することができるわけです。

憲法のこの考え方によれば、戦争を防がなければならない、起こさないようにしなければならない。そのために、まず、国民が主権者になる。第二に、人権をきちんと保障する。第三に、民主主義を守る。第四に、生活・生存をきちんと保障する。生存権です。こういう考え方でできたのが、いまの憲法です。

このようにして、平和を守るためには、国民主権、人権、民主、生存・福祉を保障する。つまり基本的人権を守るということが、わが国では平和を守るためには重要である。民主的な社会、国家をつくることが重要である。これが憲法の考え方の基本なのであります。

そして、そうであるためには、人身の自由、つまり刑事手続における人権を保障することが重要である。思想なり言論なりの人権の営みが、刑罰権によってほしいままに抑圧され押しつぶされることを防がなければならない。こういう思考でつくられたのが憲法第三一条以下の規定なのです。

3　刑事司法の現実

ところが、憲法はこのようにたいへん立派な条文を沢山置いたわけですが、そのもとにおいてつくられた刑事訴訟法は、一面ではこの考え方を活かそうとしていますが、他方においては、戦前からの警察、検察、裁判所のやり方や考え方に基づく制度や手続のしがらみ、つまり人権軽視の面を残しており、刑事訴訟法自体が、不十分な面を持っていました。たとえば、被疑者に対する国選弁護人がない。逮捕・勾留した人たちを、警察の留置場に監禁する。弁護人と自由に会わせない。身柄の拘束の期間が非常に長い。糺問的な取り調べが可能なように、取り調べを無規制的な状況に置く。捜査書類、とくに自白調書とか参考人調書でもって立証し裁判を進められるような仕組みを残すなど、いろいろな点で刑事訴訟法は欠陥を持つ形でスタートしたのであります。

そしてまた、警察や検察や裁判所が組織的にも思想的にも古いものを克服できなかったこともあって、戦後日本の刑事手続は、憲法の期待するような、自由保障の機能を大きく削がれて現在に至っているのであります。日本のいまの刑事訴訟法は一九四九年（昭和二四年）に施行され六〇年近く経ったものなのですが、それにも拘わらず、法律上の欠陥や不十分さ、運用上の欠陥があり、憲法が期待したようなかたちでは、自由保障機能が十分に機能していないのが現実であります。

しかし、この現実のなかでも、弁護士の努力があり、また弁護士を励まし、人権を守り裁判を公正なものにしようとして底辺で一所懸命努力してきた救援運動や裁判批判の活動が営まれてきました。学者もまた、大きなエネルギーを傾けてそれに協力してきました。そのため法律上の欠陥や不十分さ、運用上の欠陥が、かなり克服できる状況も、部分的には生まれました。しかし、全体としてはなかなか克服することができないままに、今迄さまざまな人権侵害事件が起こり、冤罪事件が起きてきたのです。

ですから、今年になって起きた、先ほど紹介した鹿児島の志布志町事件とか富山事件は氷山の一角なんですね。こういう事件は、かなり多数起きており、その大部分は救済されないままに埋もれているのです。こういう現実は、国内からだけではなくて、国際的にも批判を浴びています。

このように日本の刑事手続は、憲法との乖離、ギャップがあり、国際的スタンダードからもギャップがある。そういう二重のギャップを持っているのであります。しかし、それをそのままのかたちで二一世紀に持ち越すべきではないというのが、今回の司法改革の動きの底辺にある一つの有力な問題意識であります。

4　理念と現実のギャップを生み出すもの

さて、この司法改革の問題に入る前に、もう一つ確認しておきたい点があります。憲法と刑事訴訟法とのギャップ、理念と現実とのギャップ、いったい何がそういうものを生み出しているのだろうかということです。私はさきほど、法律上の欠陥と運用上の欠陥と言い、とくに警察や検察、さらには裁判所の体質的な問題、考え方の古さなどを挙げましたけれども、何がこういうギャップを生み出したと考えるべきだろうかということを、もう少し突っ込んで考えてみる必要があるように思います。

この問題については、大雑把にいえば二つの考え方があると思います。

一つの考え方は、日本の法文化、あるいは国民性が生み出したものであるという考え方です。これは、東京大学の刑事訴訟法の教授であった松尾浩也《まつおこうや》先生の考え方です。ギャップの具体的な中身は、糾問的、強権的な刑事手続であり、それが人権侵害や冤罪事件を生み出しているわけですが、それは、日本の法文化や国民性が生み出したものだ、というのです。

もっとも松尾先生は糾問的刑事司法という言い方をせず、「精密司法」という言い方をされます。精密な捜査、精密な起訴、精密な判決を組み立てられている刑事司法、つまり「精密司法」こそ日本の刑事司法の特徴と実体であり、これを生み出しているのは日本の国民性であり法文化である、というのです。しかし、実はこの「精密さ」は、強い捜査権力、検察権力、司法権力によって生み出され支えられたものであり、糾問性、強権性と裏腹の、一体的なものであります。そしてこの糾問的な刑事司法によって人権侵害や冤罪が生まれているのです。しかし、松尾先生は、この「精密司法」によって九九・九パーセントの有罪率が裁判で生み出されていることに焦点を当て、これに肯定的な見方をしたうえで、これを生み出しているのは、日本の法文化あるいは国民性であるとされるのです。

こういう考え方に立ちますと、日本の法文化や国民性は、滅多なことでは修正したり変更したりすることはできないのですから、糾問性や強権性を変えることは不可能に近いという考え方に近くなっていくわけです。これは現状の肯定の意味を持ちますから、警察や検察、さらには裁判官のあいだにも、非常に強い支持を受けています。

しかし本当にそうだろうか。日本の糾問的、強権的な刑事手続は、日本の法文化あるいは国民性が生み出したもので変えようもないものだという見方は正しいのだろうか。

私はそうではないと考えます。それを生み出したのは、まさに日本の権力的政策、とくに治安政策、刑事司法を専ら国家的治安維持のために運用していこうとする政策が生み出したものである。私はそう考えているのですが、その当否は大きな問題でありますので、ここでは問題を指摘するだけにして、次に進むことにしたいと思います。

三　刑事司法の実態の糾問的構造とその改革構想

1　刑事司法の実態の構造的特徴——糾問主義的検察官司法——

すでに「はじめに」でかなり踏み込んだ話をしてしまいましたけれども、日本の刑事司法は、ひと言でいえば「人権抑圧性が強い」、「冤罪をつくり出しやすい」、そういう構造を持った司法だということができます。これは、現実がそうであるのですが、しかしその本質をどう掴むべきかということになりますと、さまざまな考えがでています。私は、そういう日本の刑事司法の特徴をひと言で言うならば、「糾問主義的検察官司法」だと考えています（ここでいう検察官は、警察官プラス検察官という意味合いに理解してください）。「調書裁判」だという人もいます。平野龍一先生です。東京大学で刑法と刑事訴訟法を研究された学者です。日弁連は「人質司法」であるといいます。松尾浩也先生は、「精密司法」と特徴づけます。これらの特徴づけがそれぞれに「いったいどんな意味があるのか、よくわからない」という感じが皆さんにはするかもしれませんが、実は刑事司法、刑事手続をどう批判し改革していくかという実践的問題と密接に関わっているのです。

たとえば、私のような特徴づけでいくと、「糾問主義を克服せよ」「検察官司法を克服しよう」ということになるわけですね。平野先生のような特徴づけをすれば、「調書裁判を改革しよう」ということになります。日弁連のように「人質司法」だといえば、「人質司法を改革しよう」というふうになるわけです。松尾先生の「精密司法」だという特徴づけは、刑事司法のこの現実の背後には日本の法文化あるいは国民性という改革不可能なものがあるとみますので、現状受入れ的にならざるを得ず、基本的には改革の必要はない、ということになります。

2　二つの改革方向

これらの特徴づけのうち、一体どのような特徴づけが正しいか、刑事司法の問題点の全体を的確に捉えるものになっているかは大きな問題でありますが、二〇世紀の終わりから二一世紀にかけて、改革方向として二つの考え方が提唱されるようになりました。

一つは、刑事司法については抜本的な改革が必要だ、という考え方です。これは、日本の刑事司法の特徴を、「糾問主義的検察官司法」とか、「調書裁判」とか「人質司法」と考え、それを抜本的に変えなければだめだとする考え方です。当初、その先頭に立ったのは、日弁連（日本弁護士連合会）であり、そのもっとも代表的な取組みは、一九九五年に出された「刑事司法改革の実現に向けてのアクション・プログラム」であります。

では、この「アクション・プログラム」は、抜本的な改革としてどのようなことを打ち出したか。

第一に、代用監獄の廃止です。代用監獄制度とは、捜査当局が逮捕勾留した者を、拘置所という法務省系統の収容専門の施設ではなくて、警察の建物の中の留置場という施設に代用的に収容し、自由自在に取り調べる制度です。この代用監獄制度を廃止せよ、というわけです。

第二に、身柄、身体拘束について、なるべくその期間を短くし、身体拘束をしてもすぐ釈放するというようなシステムを考えるべきであるということです。

第三に、被疑者と弁護人との接見の自由化です。

第四に、取り調べに対して弁護人の立ち会いを認めよ、ということです。

第五に、被疑者国選弁護制度を設けることです。

第六に、全面的な証拠開示を行うことです。警察や検察は捜査で集めたさまざまな情報を証拠として抱え込んで隠して持っているのが通常ですから、それを全部弁護側に開示せよ、というのです。

第七に、警察官なり検察官が調書というかたちで文書化した自白調書とか参考人調書とかを公判では使えなくして、直接、被告人や参考人（証人）の口から聞き、それを証拠として判断をすることです。

第八に、強制・拷問・脅迫で得た自白の排除を徹底することです。

第九に、公判中心の裁判システムをつくることです。

これらが、日弁連の「アクション・プログラム」の改革案です。これは、それまで弁護士が長年の弁護活動の経験を通じて練り上げた改革プログラムであると同時に、多くの刑訴研究者が主張してきたものでもあります。

ところがこの抜本的改革の方向に対し、「微調整」という考え方が出てきました。この考え方は、先ほど紹介した松尾先生の主張です。法文化論や国民性論をバックグラウンドにしながら、日本の刑事手続は根本的なところでは変えることはできず、またその必要もない、捜査弁護の実質的充実など微調整をちょっと加えることで収めざるを得ない、という考え方であります。

このように全く異なる二つの考え方が、二〇世紀の終わり頃には、はっきりした流れを作り始めました。

では、今回の刑事司法改革というのは、どういう考え方でできているかといえば、「微調整」という考え方でできていると私は思います。

3　今次刑事司法改革の構想

今回の刑事司法改革は、二〇〇一年に司法制度改革審議会が出した司法全般の改革に関する最終報告書に沿うかたちで行われています。では司法制度改革審議会が、どういう考え方で、司法改革に取り組んだのかについては、今日皆さんにお配りした参考資料（「司法改革と裁判員制度」〈本書七八ページ以下に収録〉に、私の見方が書いてあります。もちろん、これは私の見方です。すべての学者がこういう見方に賛成しているとか、あるいは共鳴しているということではありませんが、問題点と私の考え方の大体がおわかりいただけると思います。

民事については、国民のニーズに応えるというかたちで、審理の迅速化や裁判外の紛争解決手段を拡大することなどを謳っています。

刑事については、どういう改革を行おうとしているかといいますと、まず第一に、迅速、適正な刑罰権の実現であります。つまり、迅速に刑事罰を加えることに、刑事司法改革の重点を置いているわけです。

そして、そういう考え方に立って、第一に裁判員制度の導入。第二に公判開始前に争点や証拠につき整理手続を行うこと。第三に、公判の連日開廷。毎日公判を開き、原則として三回ぐらいで第一審の裁判を終えること。第四に、被疑者国選弁護制度の導入。第五に、検察審査会の起訴議決に対して拘束力を与えること。第六に、被疑者の取り調べ状況の記録を義務づけること。そういう中身の報告書が出されました。

それと同時に、報告書は、これは皆さんにも直接に関係があるわけですが、司法の人的基盤の拡充ということを掲げました。司法試験合格者を年三〇〇〇人に増やしていく。そのため法科大学院を作り、弁護士からも裁判官をどんどん採用する。また裁判官に対する人事評価を透明・客観化する。

大きくみますと、以上のような改革を行うとしたのです。その中でも裁判員制度新設は改革の目玉とされ、改革点のトップに据えられました。国民が司法に直接に参加することにより司法の国民的基盤を拡大する、というわけです。

四　今次刑事司法改革の構図

1　司法改革の理念・目的の実体は何か

こういうような全体としての司法改革は、いったいどういう狙い、理念、目的で行われたのか。この点についてはいろいろな考え方や見方があり、いまでも一つのまとまった考え方や見方があるわけでは決してありません。しかし、司法改革のマスタープランになった報告書を客観的に分析する限りにおいては、その狙いと目的ははっきりしています。

目的は何かといいますと、司法のメカニズムに国民を抱き込み組み込むことです。報告書に即してもっとはっきり言えば、国民に、統治主体意識を持たせることが改革の目的なのです。国民は、いままでは統治の客体だった。しかしこれからは主体として、自らが統治者意識を持つべきである。そのためのトレーニングとして、裁判に国民を強制的に参加させる。これが司法改革の狙い、目的なのです。

この狙いは、国民主権の考え方に非常によく似ており、反対のしようがないように思う人が多いですね。ですから、学者にすら、そのために司法改革を行うことは民主主義的でいいことではないかと考える人が多い。

しかし、私は、そういう考え方で司法を改革するのは誤りだと思います。詳しいことは、参考資料の「司法改革と裁判員制度」を読んでください。

たしかに国民を統治の側に取り込んでいく、裁判に参加させ取り込んでいくことは民主主義的であり、国民主権の考え方に則しているように思えます。しかし、よく考えてみると、主権者であることと統治主体であることは違うし、ましてや統治参加の義務を負わせられることとは全く違います。国民主権とか民主主義とかを盾《たて》にとって、国民に、統治作用に直接的に参加することを義務づけ強要するのは、国民主権や民主主義の原理とは全く異なり、民主主義とは逆方向のものでむしろファシズム的原理に近いのではないか。そもそも主権者たる国民は統治者を批判する権利や抵抗する自由を持つべき存在なのであり、統治主体という考え方はこの自由や権利を否定しかねないからです。

最近は参加ばやりですので、司法参加といわれると、なるほどと思う気持ちにさせられがちです。しかし、強制的に無理やりに、たとえば政府の審議会に入れられたり行政機関に無理やりに参加を強制されることは、果たして民主主義といえるでしょうか。裁判も同じです。民主主義と強制的動員とは似ても似つかぬものです。参加とは、もともと自発性が本質的な要素でなければなりません。現にこれ迄も、自発的に裁判に関心を持ち、自発的に裁判の傍聴に行ったり、あるいは冤罪で苦しんでいる人を一所懸命支援したりしている人々はたくさんいます。そういう人たちこそ司法参加をしているわけですが、しかし強制されてやっているのではありません。

ですから、参加ということですぐに民主主義的だと考えるのは間違いです。ましてや、司法改革によって統治主体意識を持たせようとするのは間違いです。このことをぜひ考えて下さい。

2　今次刑事司法改革の狙い

さて、司法改革の全体像は以上のとおりですが、では刑事司法の改革については、この報告書はどういう狙いを打ち出しているか。

端的にいえば、先ほど言いましたように、被告人の迅速な処罰が主な狙いです。これを実現するため、捜査は変えない。公判は、裁判員制度を導入して形式を少し変える。しかし、その代わりに、公判の準備手続を非常にくわしくがっちりとしたものにする。こういうことであります。

いまの刑事訴訟法にはいろいろな欠陥があります。しかし、いいところもたくさんあります。その一つは、捜査・起訴のあとに、すぐに公判というものが開かれる仕組みになっていることです。ですから、捜査の問題点は、公判段階ですぐに問題にされていく。ところが、今回の刑事司法改革がつくろうとしている手続は、捜査・起訴と公判とのあいだに公判前整理手続という名前の準備手続を作り、ここで両当事者の主張と証拠を整理して「争点」を決め、公判のいわば下ごしらえをしてしまう。そういう手続を通じて迅速に裁判し刑罰権を実現しようとするのです。ということは、無罪にするのも迅速になるかもしれませんが、それより実際には有罪判決を迅速に下していこうということなのですね。

このように今回の刑事司法改革は、迅速性というものに大きな目的を持ち、そのために公判前整理手続という手続を作ったため、裁判が全体として非常に複雑でわかりにくい手続になったと思います。

3　今次刑事司法改革の構図とその問題点

以上のような狙いを大きな見取り図として頭に描いたうえで、もう少し詳しく刑事司法改革の構図を見ていきたいと思います。

既に説明したように、改革の構図は、裁判員制度と公判期日前整理手続とを作り、刑事裁判の迅速化、ひいてはその簡便化・平易化、そして管理化をはかることであります（そして、今日はくわしく述べることはできませんけれども、検察審査会の起訴議決への拘束力の付与と、被害者の刑事手続参加も行いました）。

では何が改革されなかったかといえば、糾問的な取り調べはそのままです。もっとも、その一部は可視化し、記録化を義務づけるというのですが、それは一部だけの、しかも表層部分の上べだけのものにすぎず、取り調べの根本的な改革とはならないでしょう。とくに、代用監獄制度、長期身柄拘束、それから外界との接触の遮断、こういったような密室における長期拘束下の強制的取り調べの根幹をなすものには、手をつけませんでした。

ですから先ほどもいったように、捜査は変えない。それから公判前整理手続を作る。そして公判は裁判員を入れて少し変える。こういう構図であります。

このようにみてきますと、主として変わるのは裁判員制度が導入される公判手続でありますが、これにくっついて設けられた公判前整理手続がその変化の中身を大きく左右します。ですから裁判員制度を公判前整理手続から切り離してこの制度だけをみて、司法への国民参加が認められ民主主義的な司法への一歩を踏み出したと考えるのは誤っていると思います。

ここでもう一つつけ加えておきたいのですが、先ほど捜査を変えようとしていないと言いましたけれども、実は司法改革審議会の報告書は、将来の課題として、捜査権限を強めていく方向を打ち出しております。ですから、その意味では、これから本格的に捜査の改革が始められるのです。その改革というのは、いいほうへの改革ではない。いいほうというのは、私の主観が入りますけれども（笑）。決して人権保障強化のほうに変えるのではなくて、捜査の権限をどんどん強め人権侵害の危険を拡大していく、そういう方向への改革、つまり逆改革を始めようというわけです。

ではその具体的な中身はどういうことか。その項目を拾ってみますと、たとえば、第一に刑事免責制度の導入です。たとえば共犯者の一人に対して「お前のことは起訴しない」と約束し、刑事免責を与えて証拠（自白）をとり、他の共犯者の有罪証拠として使うやり方。第二に強制的な参考人取調制度の導入です。いまは参考人として警察あるいは検察に呼ぶときには、強制力がない。協力するかどうかは参考人の自由です。ところがこれを強制的、義務的なものにする。

その他に、たとえば盗聴を拡大するとか（いまも盗聴は認められていますけれども、電話線を使った会話しか盗聴できないので、住宅の中でしゃべっている会話も盗聴器で盗聴できるようにするなど）、捜査員が身分を隠して組織に潜入し、情報を集める潜入捜査を広く認めることなども検討されることになるでしょう。こういう動きは、実はもう始まっているのです。

五　裁判員制度の仕組みと問題点

1　裁判員制度の仕組み

さて、以上のような刑事司法改革の全体像、見取り図を頭に入れたうえで、裁判員制度の仕組みと問題点について簡単にみていきたいと思います。

裁判員制度の仕組み、その骨組みは、今日お配りした参考資料「司法改革と裁判員制度」のなかに書いている通りです。それを引用すれば次の通りです。

① 対象事件――死刑・無期刑となる事件、または故意の犯罪行為で被害者を死亡させた事件。

② 構成――原則は裁判官三人・裁判員六人。例外として裁判官一人・裁判員四人。

③ 裁判員の選任――衆議院議員選挙有権者（二〇歳以上）のうち、欠格事由、就業禁止事由、辞退事由、不適格事由のある者を除く者からくじで候補者を選び裁判官が決定する。候補者に対し検察官・被告人はそれぞれ四人を限度として理由を示すことなく不選任を請求できる。

④ 裁判員の権限――証人・被害者・被告人に対する尋問ないし質問をする権限（事実認定、

法律の適用、量刑のいずれにも加われる)。

⑤　裁判員（その候補者）の義務――評決の秘密、その他職務上知り得た事実の漏示禁止（↓処罰)、公正さへの信頼を損なうおそれのある行為や品位を害するような行為の禁止、候補者への質問票に虚偽記載することや質問への虚偽陳述の禁止（↓処罰)、候補者の不出頭、宣誓拒否の禁止（↓処罰)。

⑥　裁判員（候補者を含む）以外の者に対する規制――裁判員への雇用上の不利益取扱の禁止、裁判員への接触禁止、職務に関する請託・意見陳述・情報提供・威迫の禁止（↓処罰)。

⑦　控訴審――裁判官のみで審理・判決。

⑧　公判前および公判期日間の整理手続――裁判員関与裁判の場合には争点及び証拠を前もって整理するため公判前整理手続を必ず行う（また公判期日間にも必要に応じて行う)。この手続には裁判員は出席しない。

⑨　この制度は五年以内（二〇〇九年五月二七日迄）に施行する。

以上のような仕組みを持つ裁判員制度は、一般の国民からくじで選ばれる国民が平等に裁判に参加する点では、アメリカ流の陪審に似ています。しかし、裁判員が事実認定のみならず法律の適用と量刑にも、裁判官と同等の権限を持ってその評議や決定に共同参加する形をとっている点は陪審とは全く違っており、むしろヨーロッパ流の参審に似ています。

また、この裁判員制度は、公判が始まる前に⑧の公判前整理手続が必ず行われ、検察官と被告人・弁護人との双方から主張と証拠とが出され、争点と証拠の整理が準備的に行われます。この手続には裁判員の出席はなく、また一般人の傍聴も許されない秘密手続です。そしてこの手続で決められたこと、つまり争点は何か、どういう証拠を調べるか、どういうスケジュール（審理計画）で公判を進めていくかなどについて決定されたことは、公判で変更することが原則として許されず、「やむを得ない理由」がある場合だけ例外的に許されるのみです。

ですから、例えば、公判が開かれた後で、被告人が自白を翻して否認に変った場合とか、アリバイを思い出して主張したりした場合には、その主張や証拠が原則として無視される仕組みになっているわけですね。

このように公判前整理手続は、裁判員関与の裁判の単純な準備というのではなく、それを超えて、公判審理の方向づけと枠づけを行うものなのです。いってみれば、料理の「下ごしらえ」であり、公判の先取りや前倒しに似た、決定的な機能を営むわけですが、裁判員も傍聴人も排除して行われる秘密の非公開手続なのです。

裁判員制度を作った人たちは、この手続は、裁判員関与の裁判が迅速に、分かりやすい形で、軽い負担で行われるようにするためには必要だというのですが、実はこういう手続はアメリカ流の陪審にもヨーロッパ流の参審にもありません。

2　裁判員制度の問題点

さて、以上に述べた仕組みを前提にしながら、裁判員制度についての主な問題点をいくつか取り上げてみたいと思います。

一　第一に、裁判員になることが私たちの義務であり、罰則で強制されるという点です。裁判員は有権者の中からくじで選ばれますが、くじで選ばれて出頭しないときには、罰則（過料）があります。ですから強制的な義務です。辞退は、法律で定めている辞退事由がある場合のほかは認められません。ではどういうものが辞退できる事由かといいますと、七〇歳以上とか、重病とか、介護・養育を行う必要があるとか、事業に著しい損害が生じるおそれがあるとか、「やむをえない事由」がある、などです。

ここで皆さんにぜひ考えてほしいのは、この強制に憲法上の根拠が果たしてあるかということです。憲法は、国民に対し義務を課している規定をいくつか置いていますね。一番大きいのは納税です。それから子弟に教育を受けさせる義務です。しかし裁判員にならなければならない義務というのはないし、その手掛りとなる規定もありません。そもそも国政への参加は権利であって、義務とはされていません。だから投票するかしないかは自由だし、行政機関に参加してその事務に携わる義務もない。同様に、裁判員に呼ばれたときに、これに応じなければならない義務は、憲法上はない筈です。ところが裁判員法は義務としました。

しかし、よく考えてみると、私たちには、苦役からの自由もあれば、奴隷的拘束からの自由もあります。思想良心の自由もあります。そう考えますと、「裁判員になりたくない」と考える人には「ノー」と言う権利を与えられるべきだったわけです。ところが、それを認めないというのが、この制度の基本なのであります。

私は、これはたいへん大きな問題だと思います。憲法に規定がないというだけでなく、憲法にむしろ抵触するのではないか。国民には先ほど言ったような自由があるのですから。

それだけでなく、人を裁く裁判という仕事、これは本質的に強制されてやるものではなく、強制になじまない仕事だと思う。裁判というものは、法律に従って事実を認定し、これに法を適用して有罪かどうかを決めるのですが、事実の認定においても、法の適用や解釈においても、良心にしたがって法律の意味するものを掴み、それに従って決断するわけです。法と裁判と良心とは切っても切り離せない関係にあり、良心を抜きにした裁判というものはあり得ません。だからこそ憲法は、裁判官に対し、明文で良心の自由を認めているのです。このことは裁判官だけでなく、およそ裁判をする者、陪審や参審、そして裁判員にとっても同様であるべきです。

ところが裁判員制度は、就任を強制し、良心の働く余地を認めようとしません。まさに良心というものを否定されたところで国民は参加を強制されるというのが、この制度の組み立ての根本なのです。果たしてこれでいいのでしょうか。この問題は、裁判員の裁く事件が死刑や無期となるような重大な事件であり、場合によっては死刑にすべきか否かの判断を迫られることになりますので、極めて深刻な問題だといわなければなりません。そこを皆さんに考えてほしいのです。

実は、この問題が重大な問題であるということは、この制度を作るときから立法関係者によっても意識されていました。ところが、この問題は棚上げにされ、法律（裁判員法）では、思想・良心に基づく辞退は認めず、「やむを得ない自由」があれば辞退を認めることとするが、そのくわしいことは政府が定める「政令」で定めることとしました。ではこの点について「政令」はどう定めようとしているかといいますと、「自己または第三者に身体上、精神上または経済上の重大な不利益が生ずると認めるに足りる相当な理由がある場合」には辞退できるというのです。皆さんは法律学を学んでいますので、すぐにピンとくると思いますけれども、これは原則として思想・良心に基づく辞退を認めない、ごく例外的な場合にだけ裁判官の裁量的判断で認めてあげよう、ということなのです。しかも重大な不利益であることを認めてもらうためには、国民は、自分の思想や良心、いってみれば全人格をさらけ出すことを強いられ、しかも裁判関与によって「重大な不利益」が精神上生ずることの証明を強いられるわけです。

しかし、辞退は実際にはほとんど認められないことになるでしょう。もし簡単に認めてしまうと、どんどん辞退者が増えてしまうことになりかねないからです。何しろ国民の八割が裁判員になりたくないと考えている現実があるのですから、この制度を推進している側にとっては、これではたいへんですね。この制度が崩壊してしまうからです。

私はそれもやむを得ないと考えるのですが、しかし他面において辞退が増えることは、どういうことを意味するか、皆さんも考えてみてください。裁判員になりたい人たちだけが集まってしまうことになるかもしれない。しかし、それでは裁判の公正さを損なうことになる危険が生ずるのではないか。たとえば、死刑積極論者だけが集まって裁判をするということにもなりかねない。

ですから、思想や良心に基づく辞退の問題は、たいへんにむずかしい問題をたくさん持っています。辞退をどんどん認めてもたいへん、認めない場合もたいへんです。そういうジレンマを抱えているわけですね。

そういうジレンマがあるなかで、「政令」は、明文で認めることはしない方向に決断したことになります〈追記　二〇〇八年一月一七日政令三号〉。はたしてこれが、裁判というものの本質からみて正しいかどうか、私は大問題だと思います。

二

裁判員の選任については、実はもう一つ大問題があります。それは、仮にある人が裁判員になってよいと思っていても、「裁判員として不適格だ」として、裁判官によって一方的に排除されることがあるということです。裁判員法は、裁判員から排除される事由について、欠格事由、就職禁止事由、不適格事由に分けてくわしく定めていますが、そのうち、たとえば、被告人の親族関係にあるなど事件関係者が不適格だとしているのはわかります。ところが、裁判員法はそれだけではなくて、「不公平な裁判をするおそれがあるとき」にも不適格者として排除できると定めています。問題は、「不公平な裁判をするおそれ」とはどういう場合をいうのかです。

裁判所の内部ではこの「不公平な裁判をするおそれ」について、いろいろと検討されていますが、そのなかで、たとえば、警察官を証人として呼ばなければならないような事件——これは、たとえば警察官が無理やりウソを自白させた疑いがないかどうかが問題となり、警察官を証人として呼ばなければならない場合に、裁判員に「不公平な裁判をするおそれ」がないかどうかを確かめるため、こんな質問をすることが検討されています。

「あなたには、警察などの捜査がとくに信用できると思うような事情、あるいは逆にとくに信用できないと思うような事情がありますか」と聞くというのです。それに対し、「いや、信用しています」という人もいるでしょうが、「私はかつてこういうことがあって、警察官に不信感を持っています」と答える人もいるでしょう。すると、「もしも、そういう事情があったとしても、あなたは公平に判断ができますか」と聞かれると思います。その答えはさまざまでしょうが、いずれにしろ裁判員になる場合に、警察というものに対しどういう感情を持っているかを踏み絵的に審査され、排除される危険にさらされるのです。恐ろしい踏み絵だと思いませんか。

またこういうことも検討されているようです。「この事件の場合、死刑が定められていますけれども、あなたはこれを前提にして量刑できますか」と聞くというのです。皆さん、どう答えますか。「死刑が定められているのならしょうがない」と答える人がほとんどかもしれませんが、しかし「私は、実は死刑制度について反対です」と言う人もいるでしょうね。すると「絶対に死刑を選択しないと決めていますか」と聞くというのです。「決めている」と言えば、「それじゃあ帰ってください」ということになります。こうして国民は、否応なしに、死刑というものに対してどういう考え方を持っているかの思想調査にさらされるわけです。そして死刑反対論者は「不公平な裁判をするおそれあり」というレッテルを貼られて排除され、反対しない者は死刑判決へと誘導されていくことになるのです。

こう考えてきますと、裁判員制度というものは、死刑のみならず、法や国家や警察についての国民の思想を審査しレッテルを貼る、思想選別的機能を持つことがわかります。これはたいへんに深刻なことです。

三　もう一つの大問題は、被告人に選択権がないことです。私たちは、裁判員制度というものを、裁判員になる側の立場に立ってだけ考えがちです。しかし、それ以上に大切なのは、裁判員によって裁判される被告人の立場なのですね。そもそも被告人には、公平な裁判を受ける権利があります。このことは今日の講演の冒頭でくわしく話した通りです。

この権利を尊重しようとすれば、被告人が裁判員の裁判を制度として公正・公平なものとして信頼しているかどうかは重要なことです。裁判というものは、裁かれる者の信頼感・公平感を抜きにしては制度として存続できないからです。ところが、裁判員裁判について、被告人が、かりに「裁判員の裁判はごめんだ。裁判員裁判に対しては信頼感を持っていない」と考えたとしても、「裁判員裁判は辞退する。裁判官の裁判で結構だ」として選択できるかといえば、できないのです。私たちは、ともすれば、裁判する側に立って裁判員制度を考えようとしますけれども、しかし本当の問題は、被告人の側にあるのです。被告人が果たして、この裁判員裁判について信頼感、公平感を持つかどうか。

皆さんもご存じのように、日本には戦前に陪審法がありました。末川記念館に陪審法廷がある通りです。昭和三年（一九二八年）から昭和一八年（一九四三年）までの一五年間、日本では陪審法が実施され、全部で五〇〇件ほどの陪審裁判が行われました。戦前の陪審制度は、いろいろな問題がありましたけれども、とにかく陪審員が裁判官とは独立に判断するしくみを持ち、しかも被告人には陪審員の裁判を受けるかどうかの選択権があったのです。

ところが、裁判員制度は、国民を裁判員として強制的に裁判官の協力者的立場に置くだけでなく、被告人に対しても、その裁判を、信頼感の有無を無視して強要するわけです。被告人に裁判員の裁判を強要できる根拠とは一体何でしょうか。皆さんにぜひ考えてほしいと思います。

四　それから第四の問題として、裁判官と裁判員の権限に差があることです。そもそも裁判員制度は、裁判員が裁判官と同等な権限を持って司法に参加する「共同参加」的イメージで設計されており、陪審員が事実認定の権限のみを持つのと違い、裁判員に対し事実認定のほか法の適用と量刑についても権限を与えています。但し、法の解釈と訴訟手続に関する判断権は裁判官のみが持つこととされています。また公判前整理手続も裁判官のみが関与します。

このように裁判員は、事実認定や法の適用や量刑に関する限り裁判官と権限上の差がないシステムになっており、対等イメージに近い存在にみえます。また実質的にみても、一般の国民と裁判官とでは、能力や知識の面では一長一短があり、裁判員が劣っているとみることは妥当ではないでしょう。

しかし、重要なのは、経験の差と情報の差があることです。とくに情報の点は決定的です。それは、公判前整理手続というものがあるからなのです。裁判員は、それに出席できない。ところが裁判官は、公判が始まる前にこの手続を主宰し、どういう証拠でどういう争点を判断すべきか、十二分に頭にインプットしているのです。公判が始まる以前に、裁判官は十二分な情報を持っているのに、裁判員は公判が始まってからはじめて、どういう事件か、どういう争点があるのか、どういう証拠があるのかということを知るわけですね。そこには対等性はあり得ない。ですから、公判前整理手続というものによって、情報面で、裁判員と裁判官とのあいだには大きな差が生じますから、両者が対等であることはそもそもあり得ないのは自明のことです。

五　さらに、有罪か無罪かを決める評決の仕方についても大きな問題があります。多数決で決めることだけは裁判員法で定めていますが、どういう評決の仕方をするか、結論だけで評決するのか、理由ごとに評決するのか。結論だけで評決するとしても、有罪か無罪かで決をとるのか、有罪か否かで決をとり、有罪が多数でなければ無罪とするのか。裁判員法では一切が明らかにされておらず、裁判長の自由な訴訟指揮に委ねられています。評決の仕方、決の取り方がおかしいじゃないかと裁判員が気がついたとしても、評議について秘密を守る義務が課されますので、訴えて問題にしていく方法がないのです。

六　以上に述べたことは、裁判員制度の持つ重大な問題点のうちのほんの一部です。その外にも、例えば、裁判員の負担を軽くするためと称して連続三開廷、つまり三日間連続で公判を開いて一気に裁判することが既定の方針とされていることも大問題です。いくら公判前整理手続で争点や証拠を十分に整理してから公判を開くといっても、現実の裁判は生き物です。被告人が自白を撤回したり、主張を変えたり、後で証拠が新しく出たりすることは決して珍しくない。いや、それどころか、強力な捜査権と人力と金力とを持つ捜査機関と違って、被告人や弁護人の力は象と蟻ほどに違って弱いのが現実です。この現実を踏まえる限り、被告人・弁護人が十分な防御・弁護の活動を行うのには「時間」が必要なのは当然です。このことを無視して裁判員の都合のみを重視し、連続三開廷で判決するというのは余りにも一方的、権力的であり、誤判を生む危険が大きいといわなければなりません。

また、裁判員にわかりやすくしようとする余り、主張や証拠が図式化、単純化され、被告人にとって重要な意味を持ち、法律的にも無視すべきではない事実や証拠が切り捨てられてしまう危険もあります。

また、秘密の壁の厚いことも大問題です。裁判員は、秘密漏洩を処罰されますし、一般の人も裁判員に「接触」することが禁じられ、もし裁判員に対し意見を述べたり情報を提供すれば処罰されます。この壁によって一般の人の裁判批判や報道機関の裁判報道は、刑罰の影に脅えざるを得ない状態に置かれることになります。

刑罰権の発動が警察や検察に事実上は委ねられていることを考えますと、これでは裁判員裁判は、一方の当事者の立場に立つ者（検察・警察）の監視とコントロールの下に置かれることになるといっても過言ではありません。

六　今次刑事司法改革と冤罪

1　今次刑事司法改革の評価基準

さて、以上のような司法改革の全体像と刑事司法改革の構図および問題点を踏まえながら、刑事司法改革、とりわけその中心をなす裁判員制度導入をどう評価すべきかという問題について考えなければなりませんが、与えられた時間がいくらも残っていませんので、大急ぎでその要点を述べることにしたいと思います。

まず初めに、評価の基準というか評価軸を確認したい。その第一は人権保障、第二は冤罪防止、第三は刑事司法への国民（とくに被告人）の信頼の確保、以上の三点ですが、冤罪を防止し国民的信頼を確保するためにまず何といっても重要なのは人権保障です。冤罪と人権侵害、たとえば冤罪と違法な身柄拘束、違法な取調、違法な捜査・差押とは一体不可分の関係にあり、メダルの表裏のような関係にあります。ですから冤罪を防ぐには、刑事司法が捜査・起訴・裁判のすべての面で人権保障的なシステム・手続になっていなければなりません。このことは、これ迄明るみにでている冤罪事件が私たちに教えている現実的教訓なのです。最近社会の関心を集めている再審無罪の富山事件や一審全員無罪（確定）の鹿児島志布志事件で、いかにすさまじい人権侵害の違法捜査によって嘘の自白が作り上げられ、冤罪事件が作り上げられていったかを思い出してみれば、「人権侵害を防止しなければ冤罪は防止できない」ということがすぐにわかると思います。

そうしますと、刑事司法改革の最大で唯一といっていい課題は、人権侵害の防止であり、人権侵害を日常的、構造的に生み出している刑事司法、私のいう糾問主義的検察官司法の根本的な改革でなければなりません。

2　今次刑事司法改革の評価

　ところが今回の刑事司法改革は、この改革課題について全くといっていいほどメスを当てようとしていません。それどころか糾問的な捜査を温存した上で、問題点だらけ、欠陥だらけの裁判員制度をその上に乗せ、しかも捜査・起訴と公判との間に公判前整理手続という秘密手続をさしはさみ、裁判員が加わる公判を厳重に枠づけリードする仕組みを作っているのですから、むしろ「逆向きの改革」とさえ言えるしろものです。

　こういう見方を裏づける資料として、私は日本弁護士連合会が、まだ司法改革が始まらない段階で、刑事司法改革をすべきだと主張して作り上げた改革提案を取り上げてみたいと思います。それは、前にも触れた一九九五年の「刑事司法改革の実現に向けてのアクション・プログラム」という文書です。

　このプログラムは、日本の刑事司法の実態と問題点を克明に調査し検討した上で、合計して一一項目の改革提案をしています。その主なものは、①代用監獄の廃止、②身柄拘束手続の改善、③被疑者・弁護人の接見交通の自由化と取調立会権の確立、④起訴前の被疑者国公選弁護制度の実現、⑤検察官手持ち証拠開示の全面化、⑥伝聞証拠と不任意自白の排除の徹底、⑦公判中心主義の徹底などです。

今回の改革をこの改革提案と比べてみますと、④の被疑者国公選弁護の点を除き、全て棚上げにされたり、極めて中途半端で実効性が疑わしい修正に終わったり、それどころかこれ迄よりも被疑者・被告人や弁護人の人権や防御権を侵害したり抑圧したりする危険の強い手続に変えられていることがわかります。

そのくわしいことを説明する時間がないのが残念ですが、結論だけを簡潔にいえば、①の代用監獄はそのまま存置、②の身柄の点は棚上げ、③の接見と取調立会の点は殆ど見送り、④の被疑者国選弁護の点は一部実現したものの、国選弁護人を法務省の管理下に置く（司法支援センター）、⑤証拠開示の全面化は見送り、⑥伝聞・不任意自白の排除も見送り、⑦公判中心主義の点は公判前整理手続の新設によって後退、ということになります。

それだけではありません。刑事司法改革の全体的な構図を打ち出した司法制度改革審議会の報告書によれば、糾問的捜査手続を温存しようとしているだけでなく、これに加えて、免責証人制度（例えば、共犯者を刑事免責して自白をとり、これを他の共犯者の有罪証拠として使う）や、参考人の強制的取調の新設を提唱し、さらにはおとり捜査や盗聴の拡大さえ視野に置く提言が打ち出されているのです。これらの捜査権限拡大の提言は、治安取締強化の流れに乗る形で、間もなく立法化へと向かうことが予想されます。

以上のように考えてきますと、冤罪や人権侵害を生んできた日本の刑事司法、刑事手続の構造的メカニズムは、今回の刑事司法改革によって、ほとんど改善されることなしに巧妙に温存されることになります。いや、それどころか、むしろ拡大される危険さえあるというのが、偽らざる実感であります。私はそういう危機感を非常に強く持っています。

私はかつてあるところで、今回の改革は「改革」の名に値しない、むしろ「逆改革」だと言ったことがあります。最近は「形態変化」「メタモルフォーゼ」にすぎない、ということもあります。つまり、いま迄の糾問主義的検察官司法という実体が、裁判員制度の導入などで少し形態だけが変わる。しかし本質はまったく変わらない。私たちは、この点を見抜かなければなりません。

3　冤罪防止と改革の現実的意味

糾問的本質は変わらず、形態変化（メタモルフォーゼ）するだけだ、というのが私の評価だということは以上で述べた通りですが、ではその形態変化（メタモルフォーゼ）はどういう点で起こり、人権侵害と誤判の問題に対しどういう影響を与えるか。この問題は、今の時点では判断することが難しい問題です。なぜかというと、法律家や学者やジャーナリズム、さらには国民的な世論や運動が、改革された刑事司法に対しどういう批判や実践をもって対応するかという問題が絡むからです。それだけにこの問題を丁寧に検討するには時間がかかりますが、ごく簡単に私の予測的な見方の要点を述べると次の通りです。

まず捜査の糾問的やり方には変化は生じないでしょう。被疑者国選弁護制度の導入は、司法支援センターの管理下に置かれることが強く働き、また取調立会権のないことや、接見交通の制限が殆ど維持されることもあり、効果を上げることは難しいでしょう。また取調の一部可視化（ビデオ録画など）も糾問的な取調のやり方を防ぐ力を持たないでしょう。不都合な部分のカットなど巧妙なやり方で、捜査機関は可視化の網を潜り抜けようとするからです。

公判は、公判前整理手続により主張、争点、証拠が予め整理・限定されるため、シナリオ通りの進行という様相を呈し、しかも時間的制限が厳しくなるため、とくに弁護側の防御活動は強く制限され、困難を極めることになるでしょう。また「軽負担・平易・迅速」の公判がめざされますので、くわしい主張や立証が制限・禁止され、図式化され、被告人にとって大切な意味を持つ事実や証拠が切り捨てられ隠されていくことが多くなるでしょう。

裁判員の参加により糾問的捜査に基づく公判という本質や手続的構造が変化するということは、殆ど期待できないでしょう。裁判員が捜査の糾問的やり方に疑問を持ったとしても、公判の進め方や争点や証拠が公判前整理手続で予め決められ、そのお膳立てに従わなければならない立場に立ちますから、捜査のやり方に疑問をさしはさみ得る余地はないも同然です。なぜかといえば、公判前整理手続では捜査上の問題点があればそれを法的に検討してスクリーンし、問題点を解決した形で公判を始める建前がとられているからです。しかも、例えば自白が強制・拷問・脅迫などによる不任意なものであるかどうかの判断権は、裁判官の専権事項になっているのです。

また事実認定や法律の適用や量刑の点について、裁判員は裁判官と同等の権限を持っている形がとられているとはいえ、知識や経験の上で事実上は大きな格差のあることは否定できませんし、それに加えて裁判官は、公判が始まる以前に公判前整理手続を通じて裁判員の知らない情報を知っていますから、両者の力の差はまるで横綱と新弟子ほどに違うことがあり得るというのが現実となるでしょう。そう考えてくると、公判が裁判官のヘゲモニー（主導権）の下に立つであろうことは否定できないといわざるを得ません。

以上に加えて、第一審判決に対する控訴が裁判官のみで構成される控訴審裁判所で審理されることを考えますと、裁判員制度を軸とする刑事司法改革が、これ迄の糾問主義的検察官司法というわが国刑事司法の本質に対してもたらす変化は本質的なものではあり得ず、せいぜい形態変化（メタモルフォーゼ）にすぎないものとなることは自明のように私には思われます。

結びとして――私たちの課題――

一　最後に、今回の刑事司法改革が私たちに突きつけている「課題」は何かという観点から、今日の講演をしめくくってみたいと思います。

これ迄述べたことを定式風にまとめれば、①これ迄の刑事司法は、憲法が構想したところとは異なり、人権侵害と誤判を構造的に作り出す糾問主義的性格が強く、その抜本的、根本的な改革こそ刑事司法改革の課題でなければならなかった。②ところが今回の改革は、その糾問的な構造と本質を変えるものでなく、「形態変化」をもたらすものにすぎない、ということになります。その意味で、私は「逆改革」的性格が強いと思うのですが、もしそういうのが言い過ぎだというなら、「歪んだ改革」と言い換えてもいいかもしれません。

そうだとすれば、この「歪み」に対して私たちはこれからどういう理念を掲げどう対処していくべきでしょうか。

私は、人身の自由の保障こそ刑事司法の中心的な基本課題であるべきだという近代的原則が、現代においても理念的価値を依然として強く持っていることを先ず強調したいと思います。犯罪や非行など、社会の安全を脅かす動きが深刻化していることへの不安感が増大している現代社会の下において、人身の自由を強調し、被疑者・被告人の人権を保障する刑事司法であるべきことを主張することは、時代遅れのようにみえるためか、なかなか勇気のいる難しいことです。

しかし、他の機会にも述べたように、また今日の講演のはじめのほうでも述べたように、人身の自由とは、人間の全存在、全人格の自由の前提であり出発点であり必須不可欠の基本条件であり、人間個人にとっても人間社会にとっても自主的、自律的発展の絶対的必要条件なのです。

逆に言えば、もし私たちが人身の自由を蔑《ないがし》ろにして警察、検察、裁判所の処罰権力に人身拘束、取調、起訴、裁判についての権限拡大と濫用を許せば、人間と社会の自律性は衰退し、かえって犯罪と非行は増大し、人間崩壊、社会崩壊が進むという悪循環に陥っていくでしょう。

この悪循環を断ち切り、人間と社会を自分たちの手にとり戻し、自律性強化の道を歩むためには、私たちは人身の自由の人間的、社会的意義をもう一度きちんと掴み直し、この自由の理念の示す方向にそって刑事司法改革の「歪み」を正し、刑事司法の「再改革」に取り組んでいくべきだと私は考えます（拙著『刑事訴訟法の変動と憲法的思考』日本評論社、二〇〇六年、三九一頁以下）。

二　ではその具体策はどのようなものであるべきか。この点はこれから広く検討されていくことになるでしょうし、今日の直接のテーマではありませんので、くわしいことは省略し、捜査、起訴・公判の全ての面で人権保障を強化する抜本的な改革（例えば代用監獄の廃止や被疑者取調への弁護人立会制度など）が必要であること、裁判員制度は廃止し、もっと広く深い視野に立って本当の国民参加の形態や制度の創出に知恵を出し合っていかなければならないことを指摘するにとどめます。

そして最後に、次の五つの点を述べてしめくくりとしたいと思います。

①　被疑者・被告人は、無罪の推定をはじめとする人身の自由、人権の主体であり、人間であ

ること。

② 彼・彼女が仮に犯罪を犯した真犯人だとしても、人権を保障する適正な司法手続に従って公正に裁かれなければならず、人権侵害は許されないこと。この司法手続は、力や数や利害の調整を許容する政治的プロセスとは全く異質なものであること。

③ 人身の自由、人権を保障することは、人間の尊厳を守ることと同義（同じ意味）であり、人間的・社会的連帯の形成・強化のファクターを本質的に持っていること。

④ 従って私たちは、犯罪や非行を犯したとして刑事手続に捕捉された者に対して、人間の尊厳を保障されるべき人権の主体として公正に扱う司法システムを用意し保障しなければならないこと。

⑤ 以上のことは、人間や社会が、個々的にはさまざまな欠陥や不備や逸脱行為を抱え込みながらも、「希望」を失うことなく、「共生」「連帯」「発展」への営みを形成し持続し進展させていける基礎となるものであること。

私は以上の五点を強調し、若き平成世代の皆さんが、憲法の指し示す平和・人権・連帯の理念をその真髄において理解し、その具体化に向けて一歩でも近づくような人生を歩まれるよう、心から期待するものです。

Ⅵ　改正刑事訴訟法の批判的検証

――公判前整理手続は何をもたらすか――

この講演は、二〇〇七年三月一六日、自由法曹団司法問題委員会研究会において行われた。原題は「改正刑事訴訟法を検証する」。

小田中です。今迄の二人の弁護士の方のご報告を聞いて、なまの事実の持つ迫力に圧倒されながら、いったい私の話とどうかみ合うのだろうかと心配ですが、予定したレジュメにしたがって話を進めていきたいと思います。

一　はじめに

1　感想

ご報告をお聞きしながらつくづくと、頭で考えて作った公判前整理手続の制度的イメージと、その制度が動き出した場合の現実の姿との差を感じさせられました。この制度の持っている事物の論理が、ものすごい形をとって被告人や弁護人に押し寄せ始めており、大変な問題状況が生まれ始めているのではないかということです。

この制度の持っている長所、短所については、これ迄もいろいろな立場からさまざまなことが予想されてきたのですが、長所とされるものが長所として幾分かでも機能するためには、弁護側にとって何よりもまず相当な人力、体力、金力、そして何よりも時間が必要であり、また防御の準備のための弁護権の保障が必要ですが、そういうものが十分に保障されていない場合には、短所、弊害だけが一方的に肥大していくだろうということをつくづくと感じました。

それと同時に、大変複雑な仕組みが出来上がったことを感じました。これ迄は公判中心主義という制度・理念がまがりなりにも貫徹力を持っていました。もっともこれ迄も公判準備段階でも公判段階でも、証拠不開示や調書中心主義など、それを妨げるような大変に大きな問題があったことは事実であり、ある意味ではこの制度はこの問題状況に対応する意味を持っているわけです。もっと端的にいえば、これ迄の現実は公判中心主義とは名ばかりで捜査中心主義ともいうべきものなのですが、それでもその批判的検証の作業が公判で行われ、さまざまな問題が公判で処理されてきました。そういう意味では、日本の刑事手続は公判中心の分かりやすい仕組みだったと思います。

ところが公判前整理手続という非公開の準備手続が、公判開始前の手続や公判途中の手続として付け加えられたことで、公判がわかりにくいものとなり、形骸化していく危険が大きくなっていくのではないか。私はこのことを深く憂慮してきました。かつて日本は予審という制度を持っていたわけですが、予審制度の持った弊害、つまり当事者や弁護人を立会わせはするものの、一般傍聴人への公開はシャットアウトしながら、有罪証拠を公判前の段階で早期に固め公判を形式的なものにしていくという、予審制度の大きな弊害が公判前整理手続新設により再現するのではないかという憂慮であり懸念です。

今、二人の報告を聞きながら、大雑把な感想としては、私の懸念が、けっして単なる懸念ではなく、おそらくこれからますます現実化していくのではないかという感想を持った次第です。

2　問題の発端

しかし、二人の弁護士の方のご報告は問題の発端を示したものに過ぎないのであって、懸念していたことがこれからいよいよ全面展開し拡大、深刻化していくのではないか。

とくにこの制度と裁判員制度とのドッキングが現実化した時に一体どういう状況や問題が生じるかということは、私たちにとって未知数、未経験です。裁判官の迅速・効率重視の思考や職権主義的、権力主義的メンタリティと公判前整理手続とのドッキングが生み出している状況や問題点は、二人のご報告でかなり把握できるのですが、この制度が裁判員制度、さらに被害者参加制度ともつながった場合に、どういう状況が展開していくかということは予測が難しく、私も自信を持っては言えません。

しかも裁判員手続それ自体が、今さまざまな意味で早くも修正を施されていています。例えば、ご存知のように分割判決制度のようなものが作られています。さらには、裁判員の選任手続についても、思想信条による辞退を認めるか否かという重大問題についてどうするかも、政令レベルに委ねられ、未決定ですが、一定の結論がその内に出されることになるだろうと思います〈追記二〇〇八年一月一七日政令三号により事実上裁判官の裁量に委ねることとされたことにつき、本書一五三ページ参照のこと〉。

そういったことも含めて、裁判員制度それ自体も、まだ未確定で揺れがある状態です。ですから、ましていわんや運用方向を予測することは非常に難しい。その一方において、公判前整理手続にせよ、裁判員制度にせよ、それが被告人の防御権を十分に保障する公正な裁判制度となるためには、証拠開示は勿論のこと、取調の改善や可視化、弁護人との接見の自由化などが必要的前提条件であることは言う迄もありません。ところが証拠開示も殆ど改善が施されていません。また、取調の録音・録画の問題も、今後どう推移していくかはっきりしません。最高検では、東京で既にその実施に向けた試行的な措置を一三件とっており、本年（二〇〇七年）二月以降、高検所在地を中心に各地で試行的に実施するということが伝えられています。取調の録音・録画の問題が今後どう展開していくかは、なかなかはっきりした全容が見えていないように思います。

また、接見交通の問題も、電話使用による接見交通の問題に動きが見られますが、これがどう展開していくのか、これによって面接権としての接見交通権との関係がどうなっていくのか、全く不確定的です。私は、電話使用権を認めるべきことは当然のことですが、しかしこの権利は刑訴三九条の保障する接見交通権とは違うものだと考えますが、そういう法律的構成の面でもまだ不確定のところがたくさん残っている。にも拘わらずあたかも接見交通権の一種であるかの如く扱われ始めています。

さらに被疑者の国選弁護という問題をとってみても、法務省管理の司法支援センターのあり方やその実体と密接に関わっているため、被疑者国選弁護人制度が刑事手続上どういう効果を発揮するか、これも未知数だと思います。

二　改正刑訴評価の基準

1　「改正刑訴」の全体的評価の重要性

先ほど報告者の方から、公判前整理手続というものは、被告人にとっても弁護人にとっても役に立つ制度、プラスの制度だというイメージを持って取り組んだ、しかし今は現実にはそういう制度ではないと考えているという旨の感想が述べられましたが、この感想には今日のテーマの基本に関わる問題が提示されているのではないかと思います。

私は、今回の刑事手続の改正を全体としてどう評価するかということについて、きちんと総括する作業を始める必要があるのではないかと思う。私個人の見方を言うと、これは従来から主張してきたことですが、今回の刑事手続・刑訴法の改正は極めて問題の多い、弊害の多い改革であります。私はそれを「逆改革」とも表現してきたのですが、「逆改革」という表現が当たっているかどうかは別として、弊害の多い改革ではないかと思う。

今回の公判前整理手続と裁判員制度とのドッキングを基礎とする新しい改正刑事手続は、憲法三七条の被告人の公正・公平な公開裁判を受ける権利を侵害し、黙秘権の保障、無罪の推定、公開主義、予断排除原則、公判中心主義、客観的挙証責任など、およそ裁判に関連する憲法的原則に違反ないし抵触するのではないか。

これに対し弁護士層はこれにどう対処していくべきか。その弁護戦略はいろいろに分岐する可能性があるだろうと思う。

第一の分岐点は、あくまでも公判中心主義というものを志向するか、それとも公判前整理手続の充実化を志向し、その結果として公判が形骸化することになってもやむを得ないとするか。ここに第一の分岐点があるのではないか。

第二の分岐点としては、これまでいろいろと批判の多かった糾問的な捜査手続、とくに糾問的な取調を弁護人立会などの権利保障的なものに変えようとするのか、それとも単なる可視化、透明化に止める方向にもっていこうとするのか。別様に言いますと、権利保障化をあきらめて、可視化、透明化止まりでいいと考えるのか、ということです。

この二つの分岐点は、私は関連していると思う。公判中心主義は、糾問的な取調・捜査の権利保障強化と結びつきますが、公判前整理手続の充実は、捜査手続に対しても可視化、透明化で足りるという考え方と結びつきやすく、捜査段階における被疑者・被告人の権利保障強化には必ずしもつながらないのではないか。

第三の分岐点は、裁判員制度と公判前整理手続とがつながった際に、どういう状況や問題点が生じるかはまだわかりませんが（おそらく弊害の多い不幸な事態が生じるだろうと私は予測します）、その際に、裁判員制度について抜本的な改変ないし廃止を志向するか、それとも裁判員制度の部分的な「充実・改善」を志向するかということです。

2　評価基準

そういう分岐点についての私の考え方を予め述べておきますと、何れについても前者の考え方を取りたいと考えています。その際の評価基準とされるべきは、もちろん第一は憲法です。

第二に、弁護士としてのプロフェッショナルな視点と、国民的（被疑者・被告人を含む）な視点とを結合していくということです。私がなぜこの点をあえて基準の中に入れたいと考えるかといいますと、憲法三一条以下の人身の自由の意義をどう捉えるべきかという問題と関わるからです。人身の自由を抜きして、刑事裁判、刑事手続を考えることができないのは当然であり、人身の自由というものが被疑者・被告人にとって身体の自由を守り防御権を基礎づけるものであることは当然なのですが、それが国民一般にとってどういう意義を持つものであるかということも真剣に考えてみる必要があるのではないか、という点を問題提起したい。

その詳しいことは私の著書『刑事訴訟法の変動と憲法的思考』（日本評論社、二〇〇六年）の中で述べていますが、もともと人身の自由という概念は、被疑者・被告人ではない一般の国民にとっても、一人一人の自由（とくに思想の自由）を守る上で重要というだけでなく、社会における人間の自由な活動を保障し社会の発展を展望するうえで大変重要な権利なのです。例えば、人身の自由を守るということは、具体的には警察権力の過剰な介入、規制や権限乱用を防ぎ、人間社会や一人一人の自律的発展を保障することにより社会的な利益を守るということなのです。人身の自由の持つそういう社会的な意義を、私たちはきちんと把握する必要がある。こういう視点を持ちませんと、狭隘な視野に立つ弁護活動に陥っていく危険があり、このことが弁護活動を国民一般から孤立した独善的なものにしていく危険を生み出すように思います。

また、人身の自由の持つ、このような社会的な意義をきちんと理解しませんと、「自由か安全か」という誤った二者択一的な問題設定に搦めとられ、安全のためには人身の自由を制限されてもやむを得ないという俗論ともいうべき思考に陥っていく危険性があります。しかし、人身の自由の社会的意義をきちんと踏まえるならば、「自由を通じて安全」「自由こそ安全の前提」という正しい認識に到達する筈なのです。

三番目の基準として、リアリズムと批判力ということを指摘したい。今回の改正刑事手続は、裁判所なり検察なりの利益を追求するということにおいてはリアリスティックなのですが、しかしそれが被告人側に対し実際にどういう混乱や問題性を生み出すかということについての配慮を欠いており、その意味でリアリズムがほとんど感じられない改正だと私は考えます。公判前手続にせよ、裁判員制度にせよ、被告人に対し公正な手続、公正な裁判を保障しようとする観点も関心も欠如しており、殆ど専ら迅速・効率性の追求に終始しています。そうである以上、私たちはそれに対して批判力を持つ必要がある。

三　裁判員制度をどう評価するか

1　理念と実体

裁判員制度をどう評価するか。順序としてはむしろ公判前整理手続の評価を先にする方がよいのかもしれませんが、レジュメにしたがって述べておきます。

ご承知のようにこの制度の表向きの理念としては、司法に対する国民の理解の増進とか信頼の向上ということが掲げられていますが、ここできちんと捉えておかなければならないことは、裁判員制度を支えている表向きの「理念」というものが、被告人の人権、一般国民の人権の推進という、刑事司法、刑事手続にどって一番大切な大原則に基礎づけられていないことです。つまり、人権観念抜きの制度であるということが理念レベルにおける特徴ではないかと思います。この制度は、司法への国民参加の制度であり国民主権の司法面における前進だと考えられがちですが、人権保障という一番重要な観点が抜けているため、権力が国民を動員し、利用し、抱き込む制度になる危険が大きく、これがこの制度の狙いでもあるのです。

こういう批判を私はここ数年ずっと展開してきましたが、なかなか一般に浸透しなかった。なぜ浸透しなかったかというと、第一に国民参加は国民主権の表れだという、論証や実証抜きの権力側の宣伝的イデオロギーが、ジャーナリストや学者や弁護士層に無批判にひろがったため、裁判員制度にはいろいろ問題があることは分かっていながらも、なかなか批判的、否定的な評価に踏み切れないという傾向が生じたのではないか。

第二に、精密司法、調書裁判、糾問司法として強く批判されてきた刑事司法の実態を裁判員制度が変革し克服できるかのような見方が広がったことです。裁判員制度は精密司法克服のために有効である、調書裁判・糾問司法の克服のために有効であるという見方が一部の弁護士層や学者層に持たれ、これに乗ったマスコミの宣伝力に支えられ政治的な説得力を発揮しました。しかし、この見方も、この制度の実体をよく見れば幻想です。このことは、この会場で頒布していただいている私のブックレット『裁判員制度でえん罪はなくなるのでしょうか』(国民救援会宮城県本部、二〇〇六年)〈本書三〇頁以下に収録〉や私の著書『刑事訴訟法の変動と憲法的思考』(前掲)の中でかなりくわしく述べていますので、是非参照してくださるようお願いします。

裁判員制度は、糾問的な捜査と一体化している調書裁判、糾問司法という土台の上に立って、これを損なわないように、いやむしろこれを利用する形で設計されています。このことは後でも詳しくみるように、裁判員法や公判前整理手続などの条文をよく読めば一目瞭然です。ところが幻想に捉われると、このことが見えなくなってしまう。

くり返しになりますが、裁判員制度は、国民主権の原理に依拠しこれに立脚した制度のように一見みえるのですが、これとは全く異質の権力的な思想と原理とに基づいて作られた、権力による国民利用、国民抱き込みの制度であって、これを民主主義の制度と見るのは誤りです。

このことを最もよく示すのは、国民に裁判員就任が義務づけられ辞退の自由が認められていないことです。これでは徴兵制と同じではありませんか。ご奉公としての裁判員――これを民主主義、国民主権の制度と果たしていえるでしょうか。しかも裁判員の権限は裁判官よりも限定され、コントロールされるしくみになっています。お飾り同然です。

また、裁判員制度によって糾問司法(その別名たる精密司法)が克服できるとみるのは幻想です。

2　裁判員制度の構造的欠陥克服の契機はあるか

ではこのような欠陥を持つ裁判員制度を国民の力で運用面でカバーし、改善できるだろうか。私はその契機はほとんどないのではないかと考えます。この点はご批判があるかもしれませんが、私がそう考えている根拠のひとつは国民の意識のありようです。

国民意識がこの制度に対し強く否定的な反応を示していることは、世論調査の示すところでも明らかです。八割に近い、あるいは八割を超える否定的な反応が現れています。「やらせ」のタウンミーティングの問題を通じて暴露されているように、権力側は、政府と最高裁、そして日弁連も協力して、国民参加の調達、国民協力の調達を金の力や動員まがいの手法で必死に行っていますが、国民は、依然としてこの制度に拒否的であり、この傾向はますます強くなっていくだろうと私は思います。このことは、この裁判員制度の正体が「参加させて統治する」支配の技術であることを国民が見抜いていることを示しています。そういう状態の下で、裁判員制度を、例えばアメリカの陪審制度が果たしているといわれる権力抑制、人権擁護の砦としての役割を果たす制度に変えていく運動的意識が、国民の間に生ずることを期待できるでしょうか。できないと私は思う。

もう一つの問題として、裁判員制度が糾問司法、調書裁判を克服できる契機を持っているのではないかという問題についても、運用次第では克服可能なのではないかという見方がかなりあります。この点についても、私はそうみるのは楽観的すぎると思います。おそらく逆に、迅速化・効率化を至上課題とするこの制度設計において、糾問司法、調書裁判について、その中核をなす二号書面や、自白調書、さらには検証調書や鑑定書などの扱いにつき、これ迄の扱いそのままではなく、ヴィジュアル化したり簡易化したりの工夫を施しつつ、その実態を温存する営みが裁判所や検察によって展開されていくでしょう。そして糾問司法、調書裁判の基盤となっている糾問的取調の制限や可視化は依然として放置され、接見交通の自由化もネグレクトされたままでいくでしょう。しかも代用監獄制度は既に存続されることになりました。そしてさらに、迅速化、効率化の要請は、証人調の制限、限定へと向かっていくでしょう。

そういう予測に立ちますと、裁判員制度は糾問司法、調書裁判からの脱却という契機を持たず、むしろその温存・利用の上に組み立てられる裁判という姿、実体になっていくのは確実ではないかと思われます。

3　「核心司法」？

では、法曹三者は裁判員裁判というものをどう運用しようとしているか。この点について、それぞれの機関が打ち出している文書に基づき、検討してみる必要があります。

今、法曹三者の文書により打ち出されているのは「核心司法」という司法像ないしイデオロギーです。これは、最高裁判所の出している文書、最高検察庁の出している文書、さらには日弁連が出している文書、ともに同じです。これから実施される裁判員裁判が目指すべきは「核心司法」である、というのです。これは「精密司法」とは違う、むしろこれに対抗する司法像とされています。

この「核心司法」は、公判前整理手続とドッキングしているものですが、では「核心司法」とは何だろうか。「核心司法」というのは、事件の核心を衝いた司法という司法像をいうようですが、結局のところ非常に強い裁判所の訴訟指揮に基づいて、迅速、効率的に裁判を進めていく、そういう司法像です。それが核心を衝く司法であるというわけです。余分な主張や証拠を全部切り捨てて争点を絞り、裁判所に対して必要最小限度の証拠を提供し、迅速かつ効率的に判断をさせるという司法像であり、争点中心主義と一体不可分的に結びついています。

私は「核心司法」についても『刑事訴訟法の変動と憲法的思考』や『裁判員制度でえん罪はなくなるのでしょうか』の中で批判的に検討をしておりますので、それを読んでいただきたいと思いますが、争点限定、証拠限定、書面の簡略化とその活用、証人活用がその中心です。このように証人中心といいつつも、書面活用をうたい、調書裁判温存を狙っているわけです。しかも、争点中心の迅速、効率的な審理を狙うわけですから、裁判所は、強い訴訟指揮により被告人の防御活動や弁護活動を規制しようとするでしょう。

となると「核心司法」とは「迅速・効率的司法」のことであり、強権的な「管理統制司法」ということなのです。そしてこの脈絡で公判前整理手続が重大な意味を持つのです。

四　公判前整理手続をどう評価するか

1　公判前整理手続の「必要性」

私たちはともすれば、公判前整理手続は裁判員制度にとって必要的なものであり、裁判員制度を導入する以上、公判前整理手続を受け入れざるを得ないという考え方に誘導され、これを是として受け入れる考え方に陥りがちです。裁判員を長時間拘束し、重い負担や労力をかけて、素人にわかりにくい訴訟活動を展開することはやめなければならない。裁判員にわかりやすく、短時間で手短かに事件の核心と争点とをわかってもらえるよう、公判が始まる前に裁判所、検察官、弁護人はよく打ち合わせ、主張や立証も簡潔なものにしなければならない。このためには、公判前整理手続は弁護上も必要かつ有益である。ともすればこういう考え方に巻き込まれてきたように思います。

しかし、本当に裁判員制度にとって公判前整理手続は必要的か。必要的だとして立法されてさまったのですが、実施段階に入った今、公判前整理手続にどう対処すべきかを考える上で、この点は改めて考えるべき重要な点だと思います。これから裁判員裁判が展開されますと、どうしても公判前整理手続に弁護活動の重心が移ることになるのはやむを得ないというだけでなく、そうあるべきだという考え方が現実味を帯びていくことになるからです。しかし、本当にそうだろうか。

実は陪審制度をとっているアメリカの場合でも、参審制度をとっているドイツの場合でも、日本のような、弁護人の活動を制限しがんじがらめにしかねない包括的な公判前整理手続のようなものはないのです。そういう意味では、日本の公判前整理手続というものは、独特な制度です。確かに陪審制度をとっているアメリカでも、公判前の手続はあります。しかし、それはアレイメント、身柄釈放、証拠開示などを行う、防御権保障のための個別的手続の連鎖であり、日本に出現した公判前整理手続のような、非常に細かい事実認否の上に立って争点を定め、立証計画と証拠申請を当事者に要求し、それにかなり強い拘束力を与え、公判前整理手続で裁判官が事実上心証を固めることすら可能とするような、そういう包括的な事前手続ではありません。このことは、伊藤和子弁護士の『誤判を生まない裁判員制度への課題』（現代人文社、二〇〇七年）でも詳しく紹介されているとおりです。

私も、裁判員制度の有無に拘わらず、公判前における証拠開示が非常に重要であると考えますし、また、弁護側にとって防御上有益と考える場合には、争点を事前に明確化するということがあり得ると考えます。そしてそのための法的整備が必要だとも考えます。しかし、私たちが目にしていような、非常に包括的で、窮屈な事前手続、公判段階において弁護側の主張・立証を制限、規制する力を持つ整理手続は、予審と同様に公判を形骸化し公正な裁判の実現を妨げる危険が大きく、有害ではないかと思う。

2　公判前整理手続の有害性（弊害）――前提条件の欠如――

有害と考える根拠を一口でいえば、被告人・弁護側の防御権制限の手続的構造化ということです。もう少し具体化していえば、公判の形骸化、黙秘権の侵害、立証責任の転換、裁判公開の減退などです。これらのうち、公判形骸化と裁判公開減退も大きな問題だと思いますが、ここでは黙秘権と立証責任の点について少し述べておきたいと思います。

そもそも黙秘権というものは、被告人は自分にとって有利か不利益かを問わず一切陳述しないことができる権利であります。この権利が被告人側に対して主張や立証計画の開示を要求することを禁ずる趣旨を含むことは当然のことです。一切沈黙できる権利なのですから。しかも、被告人が沈黙する場合でも犯罪事実を認めたり争ったりする場合でも「無罪の推定」が等しく働き、検察側が有罪の立証責任を負うことに変わりありません。ところが公判前整理手続は、被告人側に主張および証拠請求の責任を課してこれに拘束性を与え、「やむを得ない事由」のある場合にのみ例外を認める仕組みを作っています。これは黙秘権を無視・侵害するものであり、無罪の推定という点でも問題です。これによって、事実上立証責任の転換が生じ、被告人側には主張したことにつき立証しなければ不利益に扱われる危険が生じるからです。

こう考えてきますと、公判前整理手続がいかに危険で異様な手続であるかということが一目瞭然ではないかと思います。

ところで、公判前整理手続がこういう弊害を持っているとしても、もしそれを極小化していくための最低前提条件というものがあるとすれば、それは一体どういうものだろうか。考えられるのは、身柄の早期釈放、接見の自由化、取調の立会・公開化、証拠の全面開示、争点整理・証拠請求の公判拘束性の否定、補充捜査の禁止などです。

ところがこれらの前提条件は殆ど全くネグレクトされています。とくに検察官手持証拠の開示について、全面的開示を否定し、その範囲を請求証拠のほかは類型証拠と争点関連証拠とに限定し、しかもその何れについても必要性と弊害のおそれとを第一次的に検察官が、第二次的には裁判所が判断する仕組が今回新しく作られています。このような不完全な証拠開示システムの下で争点設定を弁護側に要求するのは、理不尽なことです。

3　争点明示義務？

実はそれ以前にここで私が問題としたいのは、被告人・弁護側はなぜ主張や争点を明示しなければならないのか、ということです。そもそも争点を、公判が始まる前に、しかも拘束的、確定的な形で予め整理するということは、裁判の本質に照らし許されるのだろうか。このことを、弁護の基本に立ち戻って考えておく必要があると私は思う。

私は弁護の実務経験がありませんので、やや観念的な議論になるかもしれませんが、刑事裁判の場合には、結論（判決）が最後に出るのと同じように、争点自体も結論が出る直前ないしこれと同時に判明するものなのではないか。争点が裁判が始まる前に予め決まっている事件というものは理論上も実際上もあり得ないのではないか。このことは、初めから結論が決められている裁判がないのと同じではないのか。そういう意味で、争点を公判前に早期に設定するということは、弁護と裁判の自殺に近いのではないか。

争点という考え方が裁判上一定の意味を持ち得ることは、私も認めます。しかし、それは、一定の前提条件が具備された場合の、中間的、暫定的、条件依存的な、しかも手段的なものにすぎません。それは、あくまで中間的な、暫定的な、従って、いつでも撤回、変更できるような、一種の仮説的なものであるべきです。このことは被告人・弁護側だけではなくて、検察側にとっても言えるわけであり、だからこそ現に訴因変更が一定の範囲とはいえ許されているわけです。もっとも、訴追する検察側は何といっても証拠収集力が強大であり、しかも挙証責任を負っているのですから、初めから主張及び論点を明確に提示する責任を負うのは当然です。しかしその検察官ですら訴因変更権が現行法上与えられているのです。

しかし、被告人・弁護側は、黙秘権があり、しかも一切挙証責任を負いません。認否の義務もなければ主張や供述の義務も一切ありません。そういう法的立場にある被告人・弁護側に対し、争点明示を要求することができないのは当然です。しかも先ほど申し上げたように前提条件が不備な状態にあります。この中で、被告人・弁護側が争点明示の負担に耐え得ないのは当然のことであり、争点の明示は不利に働きかねません。弁護側は争点明示の義務は負わないのであり、検察側の主張たる訴因に対して、合理的疑いを超える証拠がそろっているかどうかということについて徹底的に吟味して弾劾することが弁護の基本です。このことを私は強調したいと思う。この点を見失いますと、弁護側は一方的に追い詰められ、弁護の義務を果たし得ない結果に陥ることになりかねないと思います。

4　ケースセオリー?

このことと関連して、「ケースセオリー」という考え方について述べてみたいと思います。最近、日弁連機関誌『自由と正義』を見ていますと、ケースセオリーの弁護論が盛んのようです。ウィルソンというアメリカの学者の、弁護とは、「包括的で、テーマのある首尾一貫したストーリー」として構成された「ケースセオリー」(事件の戦略の設計図)をもって裁判者を「説得」することだ、という主張に依拠する形をとりながら、いろいろな弁護士が書いています。

例えば四宮啓氏は、最終弁論にこのケースセオリーを適用する形で、ケースセオリー設定の重要性を説き、分かりやすい構成を持ったストーリーとしての事実とこれと矛盾しない証拠と法とに基づいて、明確で強い結論をもって弁論すべきことを主張しています（『自由と正義』五七巻九号、二〇〇六年）。つまり弁護は、先ず筋書としてストーリーを構成して、矛盾なく一貫した形で語る、これが弁護の基本であるべきだというのです。この主張は、多分に裁判員を「説得」することを強く意識した、しかも公判前整理手続の打ち出す争点中心主義に即応しようとする弁護テクニック論ですが、しかし単なるテクニック論を超えた重大な問題性を孕んでいるように思います。

この弁護論は、要するに早期に争点明示するとともに、それに基づき一貫した矛盾のないストーリーとして事件の全体像を語り、それを証拠で裏付けて裁判者を丸ごと納得させようという戦略的セオリーなのですが、気になる問題点の幾つかを述べてみたい。

第一にまず気になるのは、この戦略論的弁護論が、刑事弁護を裁判者に商品として売り込むための「広告」のようなイメージを与えることです。それは誤解、曲解だといわれるかもしれませんが、そういうイメージに私には映るのです。しかし、弁護というものは、商品でもなければ広告でもなく、証拠と法に基づき訴追側の主張の当否の判断に到達する営み、被告人の権利を守りながらそれに到達するための営みです。権利擁護の営みは決して商品化されてはなりませんし、そのレベルで取り扱われてはなりません。

このこととも関連しますが、第二に、ケースセオリー論は、自ら描いたストーリーや「筋書」について被告人・弁護側が証明責任を負う立場に自らを追い込んでいく危険があることです。いわば無罪の証明を強いられるということです。そういう危険から逃れることは難しいのではないか、と私は思います。

第三に、ケースセオリーは、それが説得効果を発揮できるためには、証拠開示をはじめとする防御権保障と弁護側の厖大な労力と時間と経済力が必要だということです。しかし、この条件を一般的な形で備えることは無理です。

第四に、真犯人が他にいて被告人は全く無実だという場合に、そういう無実の被告人に筋書やストーリーというものが一体あり得るのだろうか。そもそも無実の被告人には筋書もストーリーも本来あり得ず、真犯人の存在を証明する必要がないことは勿論のこと、どのようにして犯人に間違われたかを明らかにする必要もありません。これは当たり前のことです。先ほど報告のあった、二つのケースのうちの第一のケースは、全く人違いではないかというケースですが、その被告人にとってストーリーはあり得ない。

ですから私は、ケースセオリー論については、その妥当範囲や功罪をきちんと検討してみる必要があり、不用意な一般化は避けるべきではないかと考えます。

私の考える刑事弁護というのは、ある意味では古典的な考え方に尽きます。そもそも裁判というものは、公正な事実認定と法適用と量刑の場です。この公正さの中心というのは、被告人の権利をきちんと保障するということに尽きます。そして事実認定に当たり挙証責任を負っているのは、検察官です。検察官が客観的な挙証責任を全て負っており、これは無罪の推定という形で憲法的に保障されています。

従って弁護の任務は、要するに有罪にするについての合理的な疑いの発見と主張なのです。これこそが弁護活動の基本であり、全てです。

五　「改正刑事手続」と刑事弁護

1　裁判者の構成変化と弁護

そういう観点に立つとき、裁判員制度が導入されたことによって、弁護のあり方に変化が生じるとみるべきか。裁判者、とくに事実の認定者の構成変化により、イニシアティヴの変化や事実認定の論理的構造の変化が果たして生ずるか。私は基本的には生じないのではないかと考えています。なぜかといえば、裁判員制度の下でも、建前の上ではこれ迄の審理原則や証拠法則が維持されますし、また実際上もその公判審理に際しては合議も含め、徹底的に裁判官がイニシアティヴを握ると思うからです。とくに、公判前整理手続を通じて豊富な情報を握っている裁判官は、審理をリードし、さらに、合議のレベルにおいても、強いイニシアティヴを発揮していくでしょう。

しかも、なんといっても控訴審というものが裁判官だけの裁判として構成されているのですから、裁判官が最終的な事実認定権を握る点は動かないわけです。

そうだとすると、裁判者、事実認定者の構成変化、素人参加そのものは、弁護の基本を変える要因には理論的にはなり得ないのではないか。

2　公判前整理手続と弁護

しかし、その一方で、公判前整理手続によって公判手続のあり方は構造的に変化するでしょう。これはすでに二つの報告を聞いても、ウエイトが公判前整理手続のほうに移動し始めている感じを受けます。そこでは争点整理、証拠整理の名目で公判審理の枠組みと弁護限定化の枠付けが行われ、ともすれば公判廷では弁護側はその枠組みと枠付けの中に押し込められ、守勢に立ち勝ちになるでしょう。先ほどのご報告にも出てきましたが、「やむを得ない事由」（刑訴法三一六条の三二）があるとして、新しい主張を、新しい証拠に基づいて展開することについては、裁判所は拒否的な態度に出ているようで、なかなか難しい。

しかし、そうであればこそ、刑事弁護を今後どうするかが課題になると思います。私は先ほどから述べてきたような基本的な考え方に立ち、公判前整理手続の枠組みや枠付けそのものを取っ払っていく方向に弁護のエネルギーが割かれるべきではないかと思う。公判前整理手続の枠組みや枠付けをそのまま受け入れ、順応する形でいわば優等生的に行動する時には、ますます公判前整理手続の罠にはまっていく危険があります。だからむしろ、公判前整理手続の枠組み、枠付け自体を取っ払っていく、少なくともそれを広げ柔軟化させていく方向に――それは公判中心主義の復権、充実という方向なのですが――そういう方向に向けて弁護のエネルギーを向け、刑事弁護の実践と解釈論とに立ち向かうべきだと思います。

つまり、公判前整理手続について善玉説を採るのではなくて、公判前整理手続はもともと構造的に弁護阻害的な制度だということを認識した上で、公判前整理手続と裁判員制度とに立ち向かっていくべきだということです。

その際に留意すべき重要な点がいくつかあると思います。証拠開示範囲の拡大に取り組むこと、主張・争点の早期明示に対して、場合によっては争点を曖昧化する、広く設定する、主張も予備的な主張を活用して変化の余地をリザーブするなど、歯止めを慎重に打つ必要があるのではないだろうか。争点や証拠の早期絞込みに対するこのような抵抗の仕方は、公判前整理手続に関する条文の中に利用できるいくつかの曖昧な規定がありますので、それを十分に活用すれば可能だと思う。そもそも争点整理にしても義務化されているわけではありません。義務とは書かれていない。そういうことも含めて、できるだけ公開の法廷たる公判において、被告人の権利を保障する弁護活動を堂々と展開すべきです。

二人のご報告とうまくかみ合わなかった感がありますし、皆さんにとってはわかりきったことを長々と申した感じもしますが、要するに裁判員制度に対する基本的な評価、公判前整理手続に対する基本的な評価として、その積極評価のキャンペーンに巻き込まれることなく、それを疑問視し批判する立場に立ち、この制度の持つ弁護阻害の枠付けを打ち破っていく弁護活動を積極的に展開されるよう期待したいと思います。

エピローグ
——構造的欠陥のある裁判員制度をそのまま実施すべきではない——

この発言は、二〇〇八年三月八日、日本民主法律家協会主催第四〇回司法制度研究集会第二部シンポジウム「裁判員制度で冤罪は防げるか」におけるパネラー発言として述べたもの。『法と民主主義』四二七号、三八頁以下に収録されたものを若干修正。他に同発言に先立って「可視化の人権論的理論構成の重要さについて」発言しているが、省略。

私の総体的意見としては、お手元に配られている資料の新聞インタビューのコピーを見てください〈本書七頁以下収録〉。それと、もう一つの資料は「改正刑事訴訟法を検証する」です〈本書二〇三頁以下収録〉。結論から言えば、私は、裁判員制度は絶対に実施すべきではないという態度をこれからも固持すべきであると考えます。

あまりにもこの制度には欠陥が多すぎ、この制度にプラス効果を期待する楽観論が幻想に終わること必至です。この制度がもたらすであろう弊害が大変に大きいものとなることが確実に予想される以上、被告人をこの欠陥制度の実験台にのせることに手を貸すようなことがあってはならないというのが私の立場です。

司法への国民参加は、民主主義国家の司法において当然に必要な視点です。しかし、こと刑事司法、しかも重大事件で、死刑にさえなりかねない事件の裁判への直接的な司法参加は、公正な裁判が果して可能かという視点からみれば、単純な参加論では済まされない重大な問題点を沢山抱えています。

そう言いますと、「では陪審にも反対なのか」という質問ないし反論が必ずといっていいほど返ってくるのですが、私は裁判員制度とは違い陪審を否定しませんが、かといって無条件に陪審はいいという立場も取りません。たしかに司法への国民参加は賛成です。しかし参加の形態には、制度的参加のほかに裁判傍聴、裁判批判、裁判運動、救援活動などの非制度的参加がいろいろとあり得るし、現実に裁判の公正化に大きな役割を果たしてきました。

また、制度的な参加にしても、陪審、参審があり、またその中間形態としても日本の裁判員制度よりももっと陪審に近い制度が韓国で実施されています。

それぞれの制度については各国それぞれに評価・検討が絶えず加えられているわけですが、問題は、私たちの眼の前にある日本の裁判員制度は公正な裁判を受ける被告人の権利を侵害する危険を構造的に持つ制度であり、そのことがはっきりしているにもかかわらず、国民参加という美名の下に、八割に上る国民の反対やためらいを押し切ってこれを強引に実施するのは、間違いだということです。

とくに裁判員制度が公判前整理手続とセットになっていることによって生ずる被告人側の防御権、弁護権侵害の危険は大変に大きなものがあります。また捜査の抜本的な改革がなされなければ、裁判員制度がうまく行かないことは、この制度の賛成論者といえども認めるところであり、このことを無視して裁判員制度をスタートさせるときに、どういう悲劇的事態が起こるかということは、明らかです。

声を大にして重ねて言いたいのは、このような問題を無視したり軽視して裁判員制度をスタートさせるのは間違いだということです。

では、それにも拘わらず、この制度が、もし実施に移されてしまったときには私たちはどういう対応をとるべきか。いま他のパネラーの弁護士の方々からこのことについての言及があり、これにどう対処すべきかという問題が出されましたので、弁護士の問題に焦点を当てて私の意見を述べてみたいと思います。

私は実施された場合にも廃止をも視野に入れた裁判員制度の改廃を追求すべきではないかと考えますが、もう一つ指摘したいことは、裁判員制度プラス公判前整理手続の欠陥は、個々の弁護士の弁護技術では到底解決できないだろうということです。これは弁護士の方々には大変失礼な見方であって、「いや、私は努力する」とおっしゃる方が多いかもしれませんし、そういう抱負を持っておられることだろうと思います。

私は、弁護技術を磨いて対応しようと努力することは非常に大事なことだと思うし、それを否定するつもりもありませんが、私が言いたいのは、「個々の弁護士の弁護技術の向上では解決できない問題に直面したときには、率直に裁判員制度の制度的な構造的欠陥を認めて、その実践的克服の課題をきちんと制度改革論につなげていく努力を、弁護士は層としてすべきだ」ということです。また個々の弁護技術を問題にする場合にも、一番重要なのは刑事訴訟上の原則に立脚し、弁護の理念をきちんと守り抜くべきだということです。

そもそも公判前整理手続は、構造的に弁護権を抑圧し、黙秘権を無視する制度です。事前に主張と証拠を出し争点を設定せよというのは、黙秘権や弁護権、さらには無罪の推定の侵害システム以外の何物でもないと私は思います。このことをきちんと踏まえたうえで、公判前整理手続に関わる弁護技術上の問題に対処すべきだと私は思います。

公判前整理手続とセットになっている裁判員制度は、もともと弁護権侵害、被告人の公正な裁判を受ける権利侵害の危険を持つことをきちんと見抜く批判的な視点を、弁護技術を駆使する上でもぜひ持ち続けて、賢明に取り組んでいただきたい、それは被告人の人権の擁護者たる弁護士層の義務であります。ぜひ頑張っていただきたいと思います。

あとがき

裁判員制度は来年（二〇〇九年）五月二一日より施行されることとなっている。この制度は、人権を保障すべき司法の制度的・手続的な理念や原則を無視した人権抑圧的メカニズムが、構造的に埋め込まれた、驚くべき欠陥制度である。

この欠陥が、制度設計に当たった関係者たちの識見や考え方に多分に起因することは否定できないが、それ以上に、この制度を生み出した司法制度改革なるものが、政治改革、行政改革などを始めとする新自由主義的な統治構造改革の「最後のかなめ」をなすものとして、一定の政治的な狙いと論理をもって強引に推進されたことに起因している。その意味で、裁判員制度は徹頭徹尾、政治力学の所産であり、改憲の動きとも同じ根を持っていることを見抜く必要があると私は考える。

このことを見抜かない限り、推進者の掲げる国民参加の美名に惑わされ、その恐るべき人権抑圧的な実体を見過ごしてしまい、いわば司法翼賛の権力的ワナにからめとられる危険に陥ってしまう。私はここ数年間、このことを指摘する数多くの論文を書き、発言をくり返してきた。

しかし、このような見方は、これ迄は、司法制度改革を推進する政治的言辞が渦まく流れの中では、無視されかき消されがちであった。ところが、制度施行が一年以内に迫っている今この時期、裁判員制度の重大な欠陥や本質に対する疑念や批判が、法律関係者や学界のみならず、ジャーナリズムやマスコミからも強まる動きが起こっている。しかも、世論は、制度制定からこの時期に至る迄、一貫して圧倒的に消極的、批判的な反応を示してきている。このことは、一般の国民が、この制度の欠陥と本質をよく見抜いていることを示している。

とはいえ、このような消極的、懐疑的、批判的な言論や世論が、この制度の根本的な改廃や施行の延期ないし停止を求める現実的な動きとなるのには、理論的、実践的、運動的な取り組みの急速な発展が必要である。

そう考えていた矢先、花伝社の平田勝代表と柴田章編集長が本書の出版を熱心に勧めて下さり、具体的な編集プランを提示して下さった。そこで私は、裁判員制度への批判的な言論や運動が急速に拡がり深まる動きの一助となることを願い、本書を早急に出版することとした。お二人の熱心なお勧めと編集作業とに対し、心から感謝申し上げたいと思う。

なお、私の裁判員制度批判の全体像を読者により詳しく理解していただくために、末尾に私の関連著書を列挙するので、参照していただければと思う。

本書の刊行に当たり私の胸に浮かぶのは、冤罪や人権侵害に対し、果敢で誠実なたたかいをたゆまず展開し大きな成果を上げてきた救援運動、裁判運動の実践の歴史と現実であり、これこそが世界と歴史に誇るべき、日本における司法への国民参加の現実態である、ということである。そして、このことについての正しい認識と評価とを抜きにして、国民参加を論ずることは勿論のこと、その制度を構想することは空虚かつ不毛であり、有害ですらある、ということである。

この考えは、私が刑事訴訟法や司法制度の研究を始めて間もない頃から抱き続けてきた「裁判闘争」重視論と発想を同じくするものであり、私が国民参加の問題を考える際の基軸となってきた。そして最近も、この考えに歴史と現実の裏付けがあることを強く感じる機会を持った。

本年四月四日、仙台弁護士会主催の公開座談会「松川事件」が開かれ、大塚一男、勅使河原安夫、青木正芳、犬飼健郎各弁護士と共に、私も出席者の一人として発言する機会を与えられた。

この事件は、一九四九年福島県の松川で起こった列車転覆事件であり、同県内の労働組合関係者二〇名が起訴され、一・二審で有罪となったが、国民的規模で展開された公正裁判を要求する裁判運動と、これに支えられた被告人・弁護団の優れた法廷活動によって、上告審で二審差し戻しとなり、一九七三年に無罪が確定した事件である。

この松川事件においては、警察・検察が人権侵害の違法捜査によって作り上げた弾圧、冤罪に対し、広汎な国民が公正裁判要求の運動をもってたたかい、広津和郎氏をはじめとする文化人・

知識人とともに理性と良心の声を裁判官に訴え、公正裁判をなさしめることに遂に成功した。この運動こそ、正に裁判への国民参加の運動的実践そのものであった。

この松川裁判運動の実践的教訓は、その後の無数の冤罪救援の裁判運動に引き継がれ、今日でも数多くの成果を生んでいる。公開座談会「松川事件」は、このことを、当日会場に詰めかけた二〇〇人を超える市民や学生に新鮮な感動をもって認識させた。そして、国民参加論の原点がこの運動的、実践的教訓に置かれなければならないことを深く教えたのである。

二〇〇八年六月

小田中　聰樹

私の関連著書

『現代司法と刑事訴訟の改革課題』日本評論社、一九九五年。
『人身の自由の存在構造』信山社出版、一九九九年。
『司法改革の思想と論理』信山社出版、二〇〇一年。
『地方自治・司法改革』(共著)、小学館文庫、二〇〇一年。
『希望としての憲法』花伝社、二〇〇四年。
『刑事訴訟法の変動と憲法的思考』日本評論社、二〇〇六年。

小田中 聰樹（おだなか　としき）

1935年盛岡生まれ。

1958年東京大学経済学部卒業。

1966年司法研修所修了。

東京都立大学（1966～76年）、東北大学（1976～99年）、専修大学（1999～2006年）において刑事訴訟法・司法制度の研究・教育に携わる。東北大学名誉教授。法学博士。

日本民主法律家協会代表理事。憲法改悪阻止宮城県各界連絡会議（宮城憲法会議）代表委員。再審・えん罪事件全国連絡会代表委員。住基ネット差し止め訴訟を支援する会世話人。自衛隊の国民監視差止訴訟を支援するみやぎの会共同代表。

〈主な近著〉

『冤罪はこうして作られる』講談社現代新書、1993年。

『人身の自由の存在構造』信山社出版、1999年。

『希望としての憲法』花伝社、2004年。

『刑事訴訟法の変動と憲法的思考』日本評論社、2006年。

裁判員制度を批判する

2008年6月18日　初版第1刷発行

著者 ―― 小田中聰樹
発行者 ―― 平田　勝
発行 ―― 花伝社
発売 ―― 共栄書房
〒101-0065　東京都千代田区西神田2-7-6 川合ビル
電話　03-3263-3813
FAX　03-3239-8272
E-mail　kadensha@muf.biglobe.ne.jp
URL　http://kadensha.net
振替　00140-6-59661
装幀 ―― 神田程史
印刷・製本 ― 中央精版印刷株式会社

ISBN978-4-7634-0523-4 C0032

希望としての憲法

小田中聰樹
定価（本体 1800 円＋税）

●日本国憲法に未来を託す

危機に立つ憲法状況。だが憲法擁護派は少数派ではない！　日本国憲法の持つ豊かな思想性の再発見。憲法・歴史・現実。本格化する憲法改正論議に憲法擁護の立場から一石を投ずる評論・講演集。

法学館憲法研究所双書

憲法９条　新鮮感覚

——日本・ドイツ学生対話

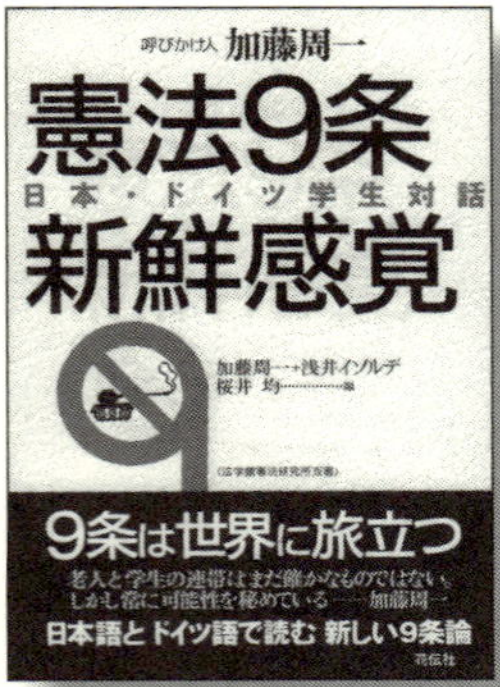

呼びかけ人　加藤周一
加藤周一・浅井イゾルデ・桜井均 編
定価（本体 1500 円＋税）

●９条は世界に旅立つ

日本語とドイツ語で読む新しい９条論。第二次大戦の敗戦国、ドイツと日本。戦後、戦争犯罪を裁いてきたドイツ、裁かなかった日本日独両国の若者が、憲法９条の世界史的な意味と価値について、自分のことばで語り合う。老人と学生の連帯は可能性を秘めている——。